Vivendo e aprendendo a brigar

Vivendo e aprendendo a brigar

SERGIO E MAGALI LEOTO

MUNDO CRISTÃO

Copyright © 2022 por Sergio e Magali Leoto

Os textos das referências bíblicas foram extraídos da *Nova Versão Transformadora* (NVT), da Tyndale House Foundation, salvo a seguinte indicação: *Nova Almeida Atualizada* (NAA), da Sociedade Bíblica do Brasil.

Todos os direitos reservados e protegidos pela Lei 9.610, de 19/02/1998.

É expressamente proibida a reprodução total ou parcial deste livro, por quaisquer meios (eletrônicos, mecânicos, fotográficos, gravação e outros), sem prévia autorização, por escrito, da editora.

Edição
Daniel Faria

Revisão
Natália Custódio

Produção
Felipe Marques

Diagramação
Marina Timm

Colaboração
Ana Luiza Ferreira

Capa
Rafael Brum

CIP-Brasil. Catalogação na publicação
Sindicato Nacional dos Editores de Livros, RJ

L613v

  Leoto, Sergio
    Vivendo e aprendendo a brigar / Sergio Leoto, Magali Leoto. — 1. ed. — São Paulo: Mundo Cristão, 2022.
    240 p.

    ISBN 978-65-5988-055-3

    1. Casamento. 2. Família. 3. Conflito conjugal. 4. Pessoas casadas - Conduta. I. Leoto, Magali. II. Título.

21-74929   CDD: 306.872
                                                      CDU: 316-811

Categoria: Relacionamentos
1ª edição: março de 2022

Publicado no Brasil com todos os direitos reservados por:

Editora Mundo Cristão
Rua Antônio Carlos Tacconi, 69
São Paulo, SP, Brasil
CEP 04810-020
Telefone: (11) 2127-4147
www.mundocristao.com.br

Dedicamos este livro a todas as pessoas que acompanham nosso trabalho nestes mais de trinta anos.

São leitores e estudiosos de nossos livros, artigos escritos para o nosso *site* ou de terceiros, *e-mails*, revistas, jornais, redes sociais e outras mídias, que nos encontram ou nos escrevem compartilhando como foram influenciados positivamente.

São pessoas que ouvem nossas palestras em encontros de casais, de família, de juventude, congressos de liderança, de mulheres, de homens, para filhos de pastores, alunos de escolas em que falamos, no Brasil e às vezes fora dele.

Alguns deles pudemos ajudar de forma mais direta, ainda quando eram solteiros ou por meio de discipulado, seja mediante aconselhamento pré-nupcial, seja quando já estavam casados.

Cada um de vocês tornou-se presente de Deus para nós. Vocês nos motivaram a escrever, falar e estudar mais, visando melhor comunicar os valores eternos. Acima de tudo, fizeram com que buscássemos, na dependência de Deus, ser coerentes em viver e praticar aquilo que professamos.

SUMÁRIO

Introdução   9

1. Conviva com as diferenças   17
2. Ouça o coração do outro   39
3. Viva sem máscaras e assuma responsabilidades   54
4. Estabeleça limites saudáveis   66
5. Aprenda a se defender dos ataques verbais   90
6. Proteja-se das armadilhas do dia a dia   105
7. Lide com a ira   146
8. Saiba perdoar   162
9. Resolvam seus conflitos   178
10. Deixe tudo em pratos limpos   195

Apêndice: Relacionamentos em tempos virtuais   203
Guia de estudo   211
Notas   235
Sobre os autores   237

INTRODUÇÃO

No meio da madrugada, o som da sirene de um carro de polícia acorda a vizinhança. E, com a pressa de quem atende a um pedido de socorro, o veículo freia ruidosamente e estaciona na porta da casa da família Oliveira. O vizinho da casa ao lado, indignado com a gritaria, os palavrões e o choro de uma criança, que se ouvia a muitos metros de distância, ligou para a delegacia e fez a denúncia de que algo muito estranho estava acontecendo.

Diante daquela balbúrdia, pensando que fosse um assalto em andamento, os policiais invadiram a casa. Atônitos, encontraram a mãe caída no chão, chorando, com hematomas no braço causados pelo empurrão que tinha levado do marido. Espalhados no chão, cacos do copo que ela havia jogado na parede. Lucas, o filho de quatro anos do casal, estava debaixo da mesa, encolhido e assustado.

"Vocês estão brigando por minha causa? Não chore, mamãe, eu prometo que vou ser um menino bonzinho!", gritava.

Alfredo, o pai, tentou amenizar a situação dando explicações à polícia sobre o que tinha acontecido. Bete, a mãe, levantou-se do chão dizendo que estava tudo bem e acolheu a criança em seu colo. Os dois policiais aceitaram as explicações do casal de que ocorrera um desentendimento familiar, que por um tempo saíra do controle mas que havia retornado à normalidade.

Bete, chorando e magoada por ter apanhado na presença do filho pequeno, quis ir até a delegacia registrar queixa contra Alfredo. Os dois entraram no veículo da família, escoltados pelo carro de polícia, com destino à delegacia. Dona Maria Lúcia, uma das vizinhas mais antigas do casal, ofereceu-se para ficar com o pequeno Lucas, na ausência dos pais.

Os nomes das pessoas aqui mencionados são fictícios, mas a história, não.

Os conflitos mal resolvidos entre Bete e Alfredo aconteciam desde o namoro. A pouca tolerância, a falta de limites e principalmente o fato de não cultivarem uma boa comunicação eram suas maiores dificuldades. Uniram-se com a ideia de que as coisas seriam diferentes depois que se casassem. Mas isso não aconteceu; pelo contrário, a convivência só acentuou os problemas de relacionamento.

Ter um bebê seria a salvação para um casamento centrado na individualidade. Quatro anos depois do nascimento de Lucas, a criança presenciava o cenário de terror que acabamos de descrever — mais uma vez.

Aquele casal cristão era acompanhado por seu pastor, que após o incidente nos ligou pedindo ajuda. Então, tivemos alguns encontros de aconselhamento com os dois, e logo eles começaram a se consultar com a Magali, que é psicóloga.

Ambos também foram encaminhados a um psiquiatra cristão. Alfredo foi diagnosticado com transtorno explosivo intermitente, e Bete, com transtorno bipolar. Ambos foram medicados, seguiram rigorosamente o tratamento e a terapia individual, e hoje vivem um relacionamento familiar razoavelmente saudável.

INTRODUÇÃO

Esse é apenas um dos casos que temos acompanhado em nosso ministério Fortalecendo a Família. Há trinta anos trabalhamos junto a famílias e, nos últimos tempos, temos percebido que vêm se agravando as crises nos relacionamentos: entre cônjuges, pais e filhos, irmãos e irmãs, genros (ou noras) e sogras (ou sogros) e demais graus de parentescos. Os conflitos têm acontecido também além das paredes do lar, como no trabalho, na igreja, na vizinhança, no trânsito, nas torcidas fanáticas. O ser humano anda mesmo intolerante e intratável.

Uma das vertentes de nosso trabalho envolve ministrar cursos e palestras. Durante a maior parte dos fins de semanas de um ano estamos em alguma cidade do país. Entre os temas que mais desenvolvemos está a resolução de conflitos. "Vivendo e aprendendo a brigar" é o título de uma dessas palestras, cujo conteúdo foi aprofundado em forma de livro, a fim de darmos nossa contribuição de uma maneira mais abrangente para que as relações humanas se tornem mais "humanas".

Talvez você esteja incomodado com o título *Vivendo e aprendendo a brigar*. Parece que estamos incitando as pessoas a se irritarem ainda mais umas com as outras, mas não, não é esse o nosso objetivo! Não queremos que você brigue mais. Ao contrário, desejamos que aprenda a discutir seus pontos de vista divergentes, mas de maneira inteligente, com sabedoria e em alto nível.

Enquanto existirem dois seres humanos convivendo, uma coisa é certa: cada cabeça, uma sentença. Os dois concordarão em algumas coisas, discordarão parcialmente em certas ideias, e também serão radicalmente opostos em outras questões. Isso é completamente normal! Convivemos com pessoas que pensam e agem diferentemente de nós.

"Não é bom que o homem esteja sozinho" (Gn 2.18). Desde a Criação, a ideia de Deus foi que as pessoas tivessem bons relacionamentos, assim como já acontecia na Trindade. "Façamos o ser humano à nossa imagem; ele será semelhante a nós" (Gn 1.26). É o Deus Pai, em um diálogo com o Deus Filho e o Deus Espírito, declarando que a criatura seria semelhante a eles. Deus é um ser relacional, logo o ser humano também será. Deus se relaciona entre as pessoas da Trindade e com as suas criaturas. Nós nascemos com essa mesma capacidade.

"E Deus viu que isso era bom" (Gn 1.10,12,18,21). É assim que o autor de Gênesis se refere a cada coisa criada. Porém, é impressionante como ele muda a frase quando Deus cria o homem e a mulher: "Então Deus olhou para tudo que havia feito e viu que era *muito* bom" (Gn 1.31, ênfase nossa). Algumas mulheres exageram, dizendo que Deus só disse que "era muito bom" depois que criou a mulher. Afirmam elas que o Senhor criou os homens e simplesmente não falou nada! Sim, elas estão brincando, pois o texto se refere ao casal: homem e mulher.

"Mas se tudo o que Deus fez deveria ser *muito* bom, por que temos tantas dificuldades de relacionamento?" É o que tentaremos desenvolver no decorrer dos capítulos, abordando questões como:

- *Dificuldades para lidar com as diferenças.* Cada pessoa tem um modo de agir. Essa diferença pode ser o estopim de grandes brigas. Veremos como cada cônjuge lida com as situações do dia a dia. Mostraremos um estudo psicológico comportamental que apresenta quatro tipos de pessoas. Ao aprender a se conhecer melhor, e também a conhecer os outros que estão ao

seu lado, você terá maior habilidade para conviver até com aqueles que mais lhe causam irritação.
- *Uso de máscaras nas relações.* O tempo passa e certos comportamentos vão se solidificando em nós. Passamos a nos distanciar de quem realmente somos e assumimos alguns "personagens", como: o mártir, o herói, a criança indefesa, o bode expiatório, entre outros. Você descobrirá como se livrar dessas "máscaras", passando a buscar a verdadeira motivação para agir e aproximando-se de quem você realmente é, a fim de alcançar vínculos duradouros e sinceros.
- *Incapacidade de impor limites.* Muitas vezes temos dificuldades para dizer "sim" e "não". Como resultado, nossos relacionamentos perdem limites e fronteiras, e começamos a invadir o território do outro ou a ser invadidos, o que traz sérios prejuízos para todos os envolvidos. Os limites físicos são de fácil reconhecimento. Entretanto, é mais complicado notar os limites da alma. Se não souber lidar com eles, as consequências podem ser irreparáveis. Apresentaremos as leis do limite, como: semear e colher, responsabilidade, motivação, proatividade, entre outras, que contribuirão para uma boa assertividade: saber dizer "sim" e "não" na hora certa e do jeito certo.
- *Ira sem equilíbrio.* A ira é um sentimento a ser controlado. Ela tem um lado positivo e um negativo. Um dos grandes desafios do ser humano é manter o domínio diante da ira. Quando não controlada, ela pode causar inúmeros estragos, como amizades desfeitas, brigas vergonhosas, famílias abaladas e até atos criminosos. Aqui você terá sugestões de como dominar essa emoção.

- *Necessidade de se afastar das armadilhas do dia a dia.* Mostraremos as sete principais áreas do relacionamento conjugal que, se não forem cuidadas, logo se tornarão armas perigosas, arrasando a convivência: amizade, respeito, comunicação, romance, prazer em conviver, valores comuns e resolução de conflitos. Você saberá como identificar as armadilhas escondidas nessas áreas e a maneira de combatê-las.
- *Defesa contra ataques verbais.* Assim como precisamos nos revestir da armadura de Deus para enfrentar o mundo espiritual, necessitamos também de um escudo protetor para enfrentar os ataques verbais que sofremos. Você conhecerá algumas técnicas para saber se impor diante dos ataques, cortar provocações, não entrar em discussões banais, retomar algum assunto pendente e conter o agressor.
- *Resolução de conflitos eficiente.* Discussões podem ser positivas ou negativas. Precisamos caminhar gradativamente em direção a um comportamento de alto nível quando entramos em conflito. Você verá algumas dicas para obter êxito em suas discussões, como: aprender a selecionar as "brigas" necessárias, não usar o tratamento do silêncio, não acumular irritação para explodir depois, preparar o cenário para a discussão, entre outras.
- *Importância de perdoar e de pedir perdão.* O ser humano reluta antes de perdoar. Mas, se é tão complicado, por que devemos perdoar? Existem casos em que não há perdão? Quais os efeitos da falta de perdão para a vítima e para as outras pessoas envolvidas? Existe base bíblica sobre o perdão? Apresentaremos as respostas

a essas perguntas, além de orientações práticas sobre como perdoar.

Ao final do livro, incluímos ainda um guia de estudo para ajudar a compreensão dos conteúdos apresentados ao longo dos capítulos. É uma ferramenta para encorajar a reflexão, o exame e a busca por novos propósitos de mudanças.

Os temas que abordaremos neste livro são rotineiros e práticos. Quer seu relacionamento conjugal seja um caso de polícia como o do casal do início da introdução, quer você apenas tenha leves dificuldades de se entender com seu cônjuge, seus filhos, seus parentes, seus colegas de trabalho ou vizinhos, se o título deste livro, *Vivendo e aprendendo a brigar*, chamou sua atenção, você faz parte do time daqueles que querem conhecer um pouco mais sobre a arte de conviver bem com as pessoas. Aproveite cada dica e tente colocá-las em prática.

Lembre-se, além de tudo, de que o primeiro passo para a cura e restauração de um relacionamento é cada um admitir a sua parte no problema. Depois, serão necessárias mudanças e ajustes de ambas as partes. Os efeitos serão mais eficazes se os implicados na briga puderem ler o livro para que entendam os diversos ângulos da questão e as maneiras de solucioná-la. Caso apenas um cônjuge venha a ler o livro, teremos caminhado metade do caminho para a resolução do problema. Uma sugestão é contar com a ajuda de Deus e deixar que ele trabalhe na vida da outra pessoa. A Bíblia diz: "Entreguem-lhe todas as suas ansiedades, pois ele cuida de vocês" (1Pe 5.7). Então, parabéns, pois você está começando muito bem e dando o primeiro passo em relação ao entendimento.

Boa leitura, boas "brigas", e melhores entendimentos!

1
CONVIVA COM AS DIFERENÇAS

Sergio e Magali são a personificação de um casal que precisou aprender a lidar com suas diferenças. Sergio tem cinco anos a mais que Magali. Parece pouco agora, mas quando ela era criança, ele era adolescente. Enquanto ele curtia Beatles e Rolling Stones, ela nem sabia o que era isso! Consequentemente, alguns gostos musicais e artistas preferidos não foram e não são os mesmos. Quando começaram a namorar, Magali era uma garota de 18 anos do interior de São Paulo, e ele, um rapaz de 23 nascido na capital do estado. Receberam uma educação completamente diferente. A primeira briga do namoro foi porque ela subiu em um pé de jabuticaba e chupou a fruta sem lavar, o que é muito comum no interior. Ele nunca tinha subido numa árvore. Aliás, ele só conhecia manga por vê-la no supermercado.

Podemos perceber, com isso, que os temperamentos eram completamente opostos. Magali, muito extrovertida, conversava com todos sem dificuldades. Pura emoção! Sergio, sempre mais reservado, detalhista, preferia ser mais reflexivo. Pura razão! Então, os opostos se atraíram.

No início do namoro, tudo ia bem. Até que, com o passar do tempo, as diferenças foram se tornando motivo de irritação. As cobranças mútuas começaram justamente nas áreas de maior dificuldade de cada um: era impossível para Magali, por exemplo, se manter em algum lugar sem poder conversar "tanto" com as pessoas, como ele desejava. E Sergio vivia reclamando: "Fale mais baixo! Não mexa tanto as mãos". As lamentações de Sergio a irritavam muito: "E você? Veja se conversa mais com as pessoas quando formos a um encontro de amigos. Você fica a noite inteira conversando com uma pessoa só! Perde a oportunidade de conhecer gente nova". O tempo passava e a situação se agravava. Embora se amassem, não conseguiam lidar com suas diferenças de personalidade.

Mas chegou o dia em que comprovaram na vida do casal a providência e o amor de Deus. No auge das brigas — quando já estavam a ponto de romper o namoro —, resolveram participar da palestra de uma missionária americana durante um treinamento de liderança. A palestrante ministrava sobre os diferentes tipos de comportamentos pessoais, o que interessava muito a ambos. Aquele dia foi um marco na vida de Sergio e Magali. Foi como se caíssem as vendas dos olhos, permitindo que enxergassem o que havia de bom em cada um. Compreenderam que as diferenças seriam importantes para o relacionamento, caso soubessem encará-las da maneira correta. Tanto que, depois dessa ministração reveladora, com a autorização da palestrante, eles adaptaram livremente o estudo para casais e famílias. Esse tema foi tão abençoador na vida do casal que passaram a compartilhá-lo com outras pessoas. Há anos eles o têm usado em seus cursos e aconselhamentos. Hoje, muitos casais têm se reconciliado por meio desse conteúdo.

A versão dessa adaptação aqui apresentada está revisada, porque, além da experiência ministerial que o tempo trouxe ao casal, também há um aprofundamento da pesquisa do tema na área de psicologia, realizado por Magali.

SER HUMANO É SER DIFERENTE

A frase que encabeça esta seção é o título traduzido de um livro da americana Isabel Briggs Myers,[1] que realizou um excelente estudo sobre as diferenças individuais, e representa bem o que somos: humanos, portanto diferentes. O Criador já nos fez assim, cada um com seu DNA: "homem e mulher os criou" (Gn 1.27). Mas também somos seres relacionais, assim como o Senhor também é. Fomos feitos à sua imagem e semelhança: "Então Deus disse: 'Façamos o ser humano à nossa imagem; ele será semelhante a nós'" (Gn 1.26). Deus é um ser pessoal que se relaciona na Trindade (*"façamos* o ser humano", no plural). O Pai conversa com o Filho e com o Espírito. Ele também se relaciona com a criatura: "Então Deus os abençoou e disse: 'Sejam férteis e multipliquem-se. Encham e governem a terra'" (Gn 1.28).

Tudo o que o Senhor fez na criação foi perfeito. Mas com o pecado veio a queda e deu-se início à primeira briga de casal! Ao ser questionado por Deus sobre o que aconteceu, Adão responde prontamente: "Foi a mulher que me deste! Ela me ofereceu do fruto, e eu comi" (Gn 3.12). O homem não assumiu sua parcela de responsabilidade sobre o problema e fez como fazem muitas pessoas: primeiro, colocou a culpa em Deus e depois, no outro. Por sua vez, Eva agiu da mesma maneira, colocando a responsabilidade na serpente. E assim agimos até hoje.

A Bíblia é realista. Ela declara os conflitos e as dificuldades que os grandes homens e mulheres usados por Deus tiveram em seus relacionamentos. Existem brigas de irmãos em sua casa? Na primeira família também houve. Caim, com inveja de seu irmão Abel, não soube se controlar e cometeu o primeiro homicídio (Gn 4.8-26). Uma desavença entre Abrão e seu sobrinho Ló foi o suficiente para que se afastassem (Gn 13.1-13). Muitos conflitos aconteceram entre os filhos de Davi, envolvendo desde incesto (2Sm 13.1-22) a homicídio (2Sm 13.23-39).

Já no Novo Testamento, vemos na igreja primitiva Ananias e Safira mentirem às pessoas sobre sua oferta e serem fulminados em razão de sua mentira (At 5.1-10). Muitos rompimentos, calúnias, inveja e desentendimentos são narrados nas histórias bíblicas. Entretanto, esses conflitos também revelam que Deus tem seus propósitos para a humanidade. Por meio de sua graça e misericórdia, ele recupera pessoas pecadoras e imperfeitas para que cumpram sua vontade. Ao abandonarem as atitudes erradas, permitindo que o Criador dirija sua vida, mostram verdadeiro arrependimento, passando a fazer parte da família de Deus.

A existência desses episódios bíblicos de dificuldades relacionais não significa que o Senhor os aprovasse ou que fosse conivente. Pelo contrário, as Escrituras nos exortam a termos boas relações em todas as dimensões da vida e até nos ensinam como obtê-las.

O livro de Provérbios, quase todo escrito pelo rei Salomão, é rico em conselhos nessa área. Se colocássemos em prática o que diz Provérbios 15.1, "A resposta gentil desvia o furor, mas a palavra ríspida desperta a ira", evitaríamos muitos desentendimentos. Infelizmente, fazemos o contrário: ficamos indignados, falamos com ira, explodimos. Depois nos culpamos: "Bem que eu poderia ter falado com mais calma, teria evitado mais essa briga...". O livro de Provérbios tem 31 capítulos. Ao ler um capítulo por dia, em um mês você terá aprendido muitos ensinamentos. Destaque os versículos que orientam sobre como lidar com as pessoas. Você ficará impressionado como sua Bíblia ficará marcada e colorida!

A SABEDORIA DE PAULO APLICADA PARA O DIA A DIA DO CASAL

Em Romanos 12.17-18, Paulo admoesta: "Nunca paguem o mal com o mal. Pensem sempre em fazer o que é melhor aos olhos de todos. No que depender de vocês, vivam em paz com todos". Acerca das orientações de Paulo, podemos concluir que:

1. Se depender de você, faça de tudo para não entrar em uma briga.
2. É necessário certo esforço para manter a paz, uma vez que existem pessoas — aquelas do tipo "pavio curto" — que facilmente iniciam e levam a cabo uma discussão.

Certa vez, aconselhamos um casal que discutia por qualquer motivo. Ministramos alguns estudos sobre como resolver conflitos, mas semana após semana de encontros a situação continuava a mesma. Sugerimos então um desafio: eles deveriam ficar duas semanas sem brigar. Se conseguissem, ganhariam um prêmio! O casal topou. No entanto, no início da segunda semana, eles brigaram e não alcançaram o objetivo. Foi preciso muito mais tempo de aconselhamento para chegar à restauração desse problema na vida conjugal.

O apóstolo Paulo exorta a fazermos a nossa parte para que a paz seja estabelecida e mantida. Ele também fala sobre o esforço para obter um bom relacionamento (Rm 12.18). Cada pessoa tem sua parcela de luta. Deus utiliza várias ferramentas para nos capacitar nessa busca pelo bem.

AMOR DE DEUS

Ao nos comprometermos com o Senhor, somos revestidos com a presença e o poder do Espírito Santo em nossa vida. Desfrutamos de seu *amor sobrenatural*, descrito em 1Coríntios 13.4-7:

> O amor é paciente e bondoso. O amor não é ciumento, nem presunçoso. Não é orgulhoso, nem grosseiro. Não exige que as coisas sejam à sua maneira. Não é irritável, nem rancoroso. Não se alegra com a injustiça, mas sim com a verdade. O amor nunca desiste, nunca perde a fé, sempre tem esperança e sempre se mantém firme.

Esse é o amor de Deus por nós, com o qual ele nos capacita a amar os outros. Normalmente, temos apenas fagulhas desse amor, então precisamos da maravilhosa graça divina para exercitá-lo perfeitamente. É assim que ele nos ajuda a lidar com os outros nos momentos de tensão.

Além desse amor, você recebe outras ferramentas quando dedica sua vida a Cristo, como o *fruto do Espírito*, descrito em Gálatas 5.22-23: "O Espírito produz este fruto: amor, alegria, paz, paciência, amabilidade, bondade, fidelidade, mansidão e domínio próprio".

A Bíblia também destaca as *bem-aventuranças*, que alguns autores dizem ser as qualidades que caracterizam os cidadãos do reino de Deus. Algumas das recompensas mencionadas nas Escrituras possivelmente serão alcançadas por completo apenas na eternidade. Aqueles que serão recompensados estão listados em Mateus 5.3-12: os pobres de espírito, os que choram, os humildes, os que têm fome e sede de justiça, os misericordiosos, os puros de coração, os pacificadores e os perseguidos.

"Mas o que tudo isso tem a ver com os nossos desentendimentos?", você talvez se pergunte. Acontece que essas três ferramentas que recebemos de Deus — *o amor sobrenatural*, o *fruto do Espírito* e as *bem-aventuranças* — têm a ver com nossos relacionamentos interpessoais. Deus, em sua soberania, sabia que lhe daríamos muito trabalho nessa área. Portanto, providenciou socorro na hora da angústia, capacitando-nos com essas ferramentas. E você se pergunta de novo: "Se Deus faz a sua parte, o que eu devo fazer no processo para ter um relacionamento saudável?". Esse é o nosso propósito com este livro: ajudar você a lidar com a sua parte no processo.

POR QUE "MINHA ESPOSA É TÃO CHATA" OU "MEU MARIDO ME IRRITA TANTO"?

Já foram realizados vários estudos sobre as diferenças entre os sexos. Há muitas comprovações científicas, e a literatura está repleta de livros, artigos e teses a respeito dos pontos fortes e desafios de cada gênero. Não queremos aqui nos deter nesses aspectos. Nosso objetivo é abordar as características que dizem respeito às relações interpessoais.

Quando o casal apaixonado está naquela fase inicial, conhecendo um ao outro, tudo é lindo! Quanta coisa em comum! Mas o tempo vai passando e as diferenças vão aparecendo. A cada situação mais crítica releva-se algo aqui e outra coisa ali. Um vai tentando se adaptar ao outro. Depois do casamento, aquelas pequenas diferenças crescem. Então, atitudes inicialmente tidas como "engraçadinhas" ou "o jeito" do outro, começam a provocar irritação e descontentamento. Algumas pessoas entram em uma grave crise e não conseguem detectar a causa. Quando o casal está junto há muitos anos, o desânimo é maior, como quando ouvimos: "Se em quinze anos de casamento ele não melhorou, o jeito é me conformar, pois não mudará mais!". Estamos casados há trinta anos. Com personalidades e temperamentos tão diferentes, tivemos de aprender a lidar um com o outro — do contrário, não teríamos uma boa convivência.

Neste livro, vamos compartilhar com você um estudo sobre comportamentos que contribuiu para que pudéssemos conhecer melhor um ao outro e lidar com nossas diferenças. Não se trata de uma avaliação sobre personalidades ou temperamentos, mas uma análise de *comportamentos*. A personalidade está associada com "o que somos", ao passo que o comportamento se refere a "como agimos". Todos os seres humanos têm um padrão de comportamento, e conhecê-lo traz grandes benefícios, como:

- Aprofundar informações sobre você mesmo e sobre os outros.
- Aumentar sua capacidade de compreensão e de direção da própria conduta.
- Dar as condições para como tratar as pessoas e conduzir-se com elas.
- Facilitar e melhorar a comunicação.
- Ajudar a não julgar precipitadamente.
- Auxiliar no controle da irritação e na busca da tolerância.
- Canalizar energia para o foco das discussões evitando desperdiçá-la.
- Contribuir para descobrir áreas de conflitos e carências.
- Fornecer o conhecimento necessário para adaptar atitudes diante de diferentes situações e pessoas.

Esse estudo tem algumas semelhanças com o Teste de Tendências Comportamentais DISC (da sigla em inglês para Dominante, Influente, Estável e Conformista), que é conhecido e usado mundialmente no meio organizacional, para treinamento de liderança, formação de equipes, orientação vocacional e profissional, entre outras atividades. Do mesmo modo, teve como referências o Modelo das Preferências Individuais, de Myers e Briggs; o Modelo dos Estilos de Interação, de John Geier; e o Modelo dos Processos ou Funções Cognitivas, de Carl G. Jung.

Nosso objetivo é fornecer apenas uma base de informação e conhecimento a partir de nossas diferenças pessoais; não tivemos a pretensão de elaborar um instrumento ou recurso de avaliação científica. Para obter uma análise de suas tendências comportamentais com validação profissional, procure uma empresa de recursos humanos ou um psicólogo especializado. Também é possível encontrar o teste DISC e outros na internet, em empresas credenciadas, mediante o pagamento de uma taxa.

PERFIS DOS ESTILOS DE COMPORTAMENTOS

Estudiosos do comportamento humano já observaram em suas pesquisas que há um *padrão de estilo* na maneira de agir das pessoas. Assim, quando identificamos esses tipos, não estamos simplesmente colocando rótulos, mas entendendo uma linguagem comportamental universal, encontrada na maioria das pessoas.

Esclarecemos que todos os padrões pessoais têm seu potencial. Nenhum deles é bom ou ruim, melhor ou pior que o outro. Cada pessoa tem suas habilidades, aquilo que faz bem, mas também tem suas carências e o que precisa melhorar. Cada um apresenta seu estilo de comportamento, e entendê-lo certamente facilitará os relacionamentos, evitando conflitos e brigas desnecessárias.

Você lembra qual foi a última discussão que teve com seu cônjuge? Ou com alguém bem próximo a você? Terá sido porque você queria resolver um problema de um jeito e a outra pessoa queria fazer de outro? E é claro que você tinha certeza de que o seu jeito era o melhor! A maior parte de nossas discussões e irritações acontece porque temos maneiras diferentes de agir diante de uma situação. Há muita resistência em aceitar o jeito de fazer do outro. Queremos que nosso modo de trabalhar ou de pensar prevaleça. A tendência é sempre esperar que o outro tenha atitudes que sejam corretas, segundo o *nosso* ponto de vista. Caso contrário, consideramos errado o que vem da outra parte.

Conhecer o estilo de comportamento alheio é revelador, pois ajuda a entender que o outro é apenas diferente. A solução que apresenta para uma situação por vezes é até melhor que a nossa. Portanto, que fique bem claro: não estamos tratando aqui de competência, nem de inteligência. Todos nós temos pontos fortes e também algo a melhorar.

Outro fato talvez o surpreenda: *as outras pessoas podem ter a seu respeito um conceito bem diferente da leitura que você faz de si mesmo.* Às vezes, você está agindo de uma maneira, certo de estar agradando o outro. Enquanto isso, ele está muito irritado com sua atitude. A interpretação que ele faz de sua ação é completamente diferente, porque fez outra leitura. Isso provoca muitas brigas! Veremos esses aspectos mais claramente logo adiante.

Os quatro perfis de comportamentos são: *líder, expressivo, amigável* e *analítico*. Ao verificar as características de cada um, tente fazer uma autoavaliação e perceber qual é o seu estilo. Você talvez se identifique com alguns traços descritos em um, dois ou até três tipos. No entanto, apenas um deles deverá ser escolhido como o mais evidente e dominante. Ele representará melhor como você age na maior parte do tempo.

Ao se avaliar, verifique como as pessoas o veem e não como você se vê. Isso porque estamos tratando de como você age com pessoas e situações. Caso tenha dificuldades para se enquadrar em algum estilo, pergunte a alguém de seu convívio em qual tipo ela classificaria você. Observe também as palavras-chave apresentadas em cada perfil e veja com qual delas você se identifica mais.

Após estudar esses perfis, se não conseguir se definir em nenhum padrão, ou até mesmo considerar que tem igualmente todos, não quer dizer necessariamente que você tenha algum transtorno de personalidade. Lembre-se que estamos lidando com comportamentos. Isso talvez possa indicar que você está vivendo um conflito interior, alguma luta dentro de si, algo que não esteja conseguindo resolver. Que tal buscar ajuda? Seria uma boa atitude verificar o que está acontecendo, compartilhando o que sente com um profissional dessa área.

Perfil do LÍDER

Palavra-chave: Ação

Características
- Gosta de desafios.
- Faz as coisas acontecerem.
- Facilidade para vencer obstáculos e oposição.
- Capacidade para solucionar problemas mais difíceis.
- Assume o controle diante das crises.
- Vive em estado de alerta.
- É realista e direto.
- Orientado para a ação.

- Fala muito.
- Controla situações e relacionamentos.
- Busca resultados imediatos.
- Valoriza inteligência, conhecimento e competência.
- Gosta de liderar, supervisionar e dirigir pessoas.
- Prefere planejar e colocar suas ideias em prática.

Sua pergunta: "Como posso ser mais eficiente?"

Perfil do AMIGÁVEL

Palavra-chave: Relacionamentos

Características

- Sensível às necessidades alheias.
- Mostra verdadeiro interesse pelas pessoas.
- Sua satisfação está no conforto e no prazer das pessoas que o cercam.
- É leal aos outros e a uma boa causa.
- Quer ser reconhecido por suas contribuições e sua solidariedade.
- Valoriza os laços familiares e sociais.
- Sente-se desconfortável com confrontos.
- Prefere concordar com as pessoas para preservar a paz e a harmonia.
- Faz suas sugestões com extremo cuidado.
- Não gosta de liderar, mas se prontifica a ajudar nas tarefas.
- Adapta-se bem às situações de rotina.

Sua pergunta: "Será que estão me apoiando?"

Perfil do ANALÍTICO

Palavra-chave: Pensamento

Características

- Utiliza o pensamento para enxergar os fatos.
- Toma decisões racionais e lógicas, baseadas em fatos, números e dados.

- Gosta de levantar questões para tirar suas conclusões.
- Tudo deve estar exato e correto.
- Abomina confusão, bagunça e ineficiência.
- Gosta de convenções e regras.
- Comprometido com a preservação das tradições.
- Respeita autoridades e procedimentos estabelecidos.
- Tem um compromisso moral com aquilo em que acredita.
- É reservado, não aparenta o que sente.
- Falante quando o assunto é de seu interesse ou de seu conhecimento.
- Costuma ser calmo e controlado, mas pode ter explosões emocionais quando pressionado.
- Tem muitas informações armazenadas.
- Lembra-se claramente de detalhes que tenham um significado pessoal.
- Gosta de tomar decisões corretas não importa quanto tempo isso demore.

Sua pergunta: "Estão me respeitando?"

Perfil do EXPRESSIVO

Palavra-chave: Intuição

Características

- Confia em seus impulsos e intuições.
- Capta as informações mediante um "sexto sentido".
- Seus critérios de avaliação se baseiam em sentimentos e gostos.
- Tem facilidade de observar mais além.
- Quer curtir e viver a vida.
- Deseja liberdade para agir.
- Quer que as coisas caminhem rápido.
- Apresenta grande energia, é emotivo e contagiante.
- Inspira e entusiasma outras pessoas.
- Explora ações, possibilidades e novas ideias.
- Envolve-se e engaja-se em projetos nos quais acredita.
- Fala e demonstra suas emoções abertamente.
- Quer reconhecimento pelo que faz.

- Quer ser o número 1.
- É curioso, criativo e com uma visão bastante ampla.
- É adaptável e flexível.
- Diverte-se com pessoas e atividades que lhe dão prazer, como: moda, culinária, viagens, ecologia etc.

Sua pergunta: "O que estão pensando de mim?"

Seguem algumas conclusões com base no gráfico anterior:

- Você pode se identificar com algumas características dos quadros próximos ao seu e ter uma delas como sua segunda opção de estilo. Por exemplo: alguém que se considere um líder pode ser um líder-expressivo ou um líder-analítico.
- Também pode ter características dos quadros próximos ao seu. Mas não se identificará com o quadro oposto ao seu. Isso porque tais características são de pessoas que agem de maneira completamente diferente da sua. Por exemplo: um líder nunca poderá ser líder-amigável, bem como um amigável não será um amigável-líder. Do mesmo modo, um expressivo não pode ser expressivo-analítico, nem o analítico será um analítico-expressivo.

- Será mais fácil se relacionar com as pessoas que estão nos quadros mais próximos ao seu, pois há comportamentos em comum. Por exemplo: líder se relaciona melhor com expressivo e analítico. Expressivo tem mais facilidade em lidar com líder e o amigável. Amigável convive mais tranquilamente com analítico e expressivo. Por sua vez, analítico se sente mais à vontade com amigável e líder. Os estilos laterais ao seu são aqueles com quem você tem um relacionamento mais fácil.
- Provavelmente você terá mais dificuldades para se relacionar com os perfis que estão nos quadros opostos ao seu. Eles agem e se organizam de maneira completamente contrária à sua, causando mais irritação. Exemplos: líder com amigável e expressivo com analítico.

Como os opostos se veem

Líder	
Como ele se vê	Como o amigável o vê
• Ativo • Dinâmico • Esperto • Desafiador • Esforçado • Experiente • Visionário • Independente • Decidido • Determinado • Competente • Eficiente • Inteligente	• Dominador • Exigente • Direto demais • Insensível • Impessoal • Intolerante • Oportunista • Agressivo • Briguento • Presunçoso • Desrespeitoso com a opinião alheia • Orgulhoso • Mandão

Amigável	
Como ele se vê	Como o líder o vê
- Afetuoso - Prestativo - Cooperativo - Atencioso - Gentil - Sensível - Respeitador - Agradável - Simpático	- Condescendente - Não comprometido - Hesitante - Inseguro - Indeciso - Inconsistente - Carente - Melindroso - Dependente - Complicado - Embaraçado

Analítico	
Como ele se vê	Como o expressivo o vê
- Trabalhador - Honesto - Persistente - Consistente - Perseverante - Realista - Responsável - Estudioso - Lógico - Assertivo - Seletivo - Sério - Equilibrado - Justo	- Crítico - Chato - Abafador - Áspero - Nervoso - Mal-humorado - Reprimido - Moralista - Preconceituoso - Indeciso - Detalhista - Exagerado nos cuidados - Pessimista - Exigente

Expressivo	
Como ele se vê	Como o analítico o vê
• Estimulador • Entusiasmado • Alegre • Otimista • Confiante • Participativo • Democrático • Diplomático • Criativo • Adaptável • Sociável • Simpático • Comunicativo • Talentoso	• Indisciplinado • Agitado • Desconcentrado • Bagunçado • Confuso • Precipitado • Emocional • Descompromissado • Excêntrico • Exagerado • Exibido • Egoísta • Folgado • Atrevido • Sonhador

FLEXIBILIDADE: O CAMINHO PARA LIDAR COM AS DIFERENÇAS

Um relacionamento saudável, que respeite as diferenças de cada um, só é possível se exercitarmos a flexibilidade. Essa habilidade requer que você aja de tal maneira que a outra pessoa se sinta bem e à vontade na sua presença. Deve permitir que o casal se entenda sem se anular ou ferir mutuamente. É ser autêntico e honesto, mas usando habilidades para se comunicar com inteligência, levando em conta o jeito de agir de cada um.

Como ser flexível um com o outro

1) *Líder*. Incentive-o em seus projetos e planos. Deixe-o colocar suas ideias em prática. Dê o suporte necessário para

que atinja seus objetivos. Não dê os passos de como fazer um projeto, pois ele quer fazer isso. Fale rápido, seja sintético e não dê detalhes demais. Ofereça-lhe desafios e autonomia para trabalhar. Proporcione ações que lhe permitam resolver problemas e aplicar sua experiência. Prefere uma supervisão mínima. Sinalize brandamente quando as ideias dele causarem um impacto negativo sobre as pessoas.

2) *Amigável.* Desenvolva com ele uma boa amizade e companheirismo. Mostre confiança e lealdade. Dê apoio a seus sentimentos e emoções. Seja sensível a suas necessidades. Não seja agressivo. Ele precisa se sentir seguro e valorizado. Explique todos os riscos. Dê-lhe as garantias. O amigável gosta de rotinas e detesta mudanças. É necessário incentivá-lo a tentar alternativas para evitar a monotonia. Não ofenda pessoas pelas quais ele tenha grande estima.

3) *Analítico.* Dê apoio e incentivo aos pensamentos e às conclusões a que ele chegar. Ao lhe apresentar um projeto para avaliar, dê apenas uma opção, com os detalhes e a justificativa de sua opinião. Não dê cinco opções, pois, sendo uma pessoa detalhista, demorará muito para decidir. Não exija definições em curtíssimo prazo. Dê-lhe tempo para pensar e avaliar. Caso não disponha de tempo para analisar todas as possibilidades, sua resposta imediata será negativa. Fale devagar e mostre todos os passos. Ele gosta de saber os prós e os contras, os riscos e as garantias. As informações precisam ser exatas. Tem dificuldade de parar de coletar fatos. Você precisa mostrar a hora de finalizar e decidir.

4) *Expressivo.* Apoie-o e elogie-o em tudo o que ele faz de bom. Seja um bom ouvinte. Fale rápido. Não seja detalhista. Lembre-o de seus compromissos, mas sem criticá-lo. Incentive-o e estimule seus planos e sonhos. Auxilie-o a avaliar os

recursos necessários para atingir seus objetivos. Fortaleça sua competência, autoconfiança e autoestima. Reconheça suas habilidades, contribuições, ideias e criatividade. Encoraje-o a permanecer firme em seus propósitos e alvos.

As maiores dificuldades de cada comportamento

1) *Líder*: Sua principal dificuldade é a HUMILDADE.

> Planos fracassam onde não há conselho,
>   mas têm êxito quando há muitos conselheiros.
> Provérbios 15.22

O líder sofre para ouvir a opinião dos outros e ser aberto a visões diferentes. É necessário reconhecer e valorizar as contribuições dos outros estilos. Seu projeto ficará mais completo e terá maiores possibilidades de êxito se cada cônjuge acrescentar novos valores e opiniões, ressaltando detalhes que não foram notados pelo líder.

2) *Amigável*: Sua principal dificuldade é a AUTODETERMINAÇÃO

> Portanto, meus amados irmãos, sejam fortes e firmes. Trabalhem sempre para o Senhor com entusiasmo, pois vocês sabem que nada do que fazem para o Senhor é inútil.
> 1Coríntios 15.58

Ser firme e inabalável é aquilo de que mais o amigável necessita! Ele perde facilmente seu objetivo em benefício dos outros. Quando alguém precisa dele, sua tendência é deixar o que está fazendo de lado para acudir aquela pessoa. Não conclui suas tarefas para poder socorrer alguém. Pode não valorizar as próprias prioridades devido ao desejo de agradar os outros. Reconhece que procura o que é melhor para os outros, mas se esquece de si mesmo.

3) *Analítico*: Sua principal dificuldade é a AUTOINICIATIVA.

Um excessivo sentido de responsabilidade pode levar à estagnação.

Charles Spurgeon

O analítico é tão responsável, tão zeloso, que às vezes sofre para tomar uma decisão. Quer que tudo seja correto. Isso o deixa paralisado ou atrasa o término de uma tarefa. Leva mais tempo para refletir do que para agir. Precisa de iniciativa para finalizar rapidamente a coleta de dados e chegar a uma conclusão.

4) *Expressivo*: Sua principal dificuldade é a AUTODISCIPLINA.

De nada adianta o entusiasmo sem conhecimento;
a pressa resulta em escolhas erradas.

Provérbios 19.2

O expressivo se deixa levar pelas emoções e, como consequência, toma decisões precipitadas ou equivocadas. Vai de uma possibilidade excitante para outra, sem conseguir muita coisa. Inicia novos projetos ou ideias, sem terminar o que já foi começado. Perde o foco facilmente. É necessário desenvolver mais a reflexão e análise dos fatos para tomar decisões mais consistentes e permanentes.

UNIDADE NA DIVERSIDADE

Não somos iguais! Temos comportamentos diferentes diante das situações. É comum esperar que o outro reaja ou faça tudo da maneira que *você* faria. Nem sempre essa pessoa corresponderá às suas expectativas. Nesse processo, você corre o risco de se decepcionar e enfrentar conflitos, provocando ou sofrendo ressentimentos e mágoas.

Precisamos olhar aqueles que pensam diferente de nós de outra maneira. Em muitos casos, os pontos em que somos fracos são exatamente os aspectos fortes das outras pessoas. O contrário também acontece: quando somos fortes em alguns pontos, os outros são extremamente fragilizados. Trabalhando juntos, seremos todos mais eficazes e poderemos nos complementar. Veja que não se trata de *completar*, mas sim de *complementar*.

Somos todos inteiros e completos. Deus disse: "Por isso o homem deixa pai e mãe e se une à sua mulher, e os dois se tornam um só" (Gn 2.24). Deus não falou sobre unir *metade* do homem com *metade* da mulher, e os dois tornarem-se uma pessoa. Muito pelo contrário: o homem deve se unir por inteiro, com suas percepções e seu jeito de ser, à sua mulher, que também tem suas percepções e seu jeito de ser. Vocês serão um casal que buscará andar em unidade, apesar de suas características próprias. Portanto, as diferenças devem aproximar, e não afastar. Ajudem-se mutuamente, onde houver necessidade.

Uma pessoa mais emocional e relacional poderá contribuir para que o outro que tem liderança forte se torne mais maleável. Em uma situação de decisão, irá ajudá-lo a observar o impacto de suas ideias na vida das pessoas. Aquele que age de maneira mais lógica pode ajudar o outro a não tomar suas decisões baseadas apenas nas emoções do momento. Deverá auxiliá-lo a calcular melhor todos os riscos da questão.

A disposição em ser mais flexível e respeitar o jeito de ser da outra pessoa é o caminho para que você aprenda a lidar com as diferenças. Peça sabedoria a Deus para crescer na maneira de se relacionar com os outros. Decida assumir alguns riscos e pagar o preço de lutar por esse objetivo. Se você entregou sua vida ao Senhor, já recebeu, por meio do Espírito Santo, as ferramentas necessárias para vencer suas barreiras. Encare e enfrente as dificuldades. Deus ajudará você a superá-las.

2
OUÇA O CORAÇÃO DO OUTRO

Diante de um conflito no relacionamento, o mais fácil é falar, retrucar e impor sua opinião. Porém, para o sucesso na resolução de problemas, é necessário *saber ouvir*. Como fazer isso se vivemos em um mundo onde somos incitados a colocar "a boca no trombone" e falar o que vier à cabeça? Neste livro, estimulamos um diálogo maior e mais profundo para encontrarmos a solução de uma crise. Mas o que dizer do ato de ouvir?

A regra básica da comunicação é que quando um fala o outro escuta, ou seja, há um emissor e um receptor. A questão não é falar, pois isso é simples e natural. A dificuldade está em ouvir. Portanto, é necessário estudarmos um pouco mais sobre como melhorar nossa escuta. E sob uma perspectiva mais profunda: *ouvir o coração do outro*.

A ORIGEM DO PROBLEMA

Segundo o senso comum, as mulheres falam mais que os homens. Não é isso, porém, o que constatam as pesquisas. Um artigo publicado pela revista *Science* em 2007 já relatava que, de acordo com uma equipe de investigadores da Universidade do Texas e do Arizona (EUA), mulheres e homens pronunciam, por dia, aproximadamente a mesma quantidade de palavras.

Mulheres: 16.215 palavras/dia
Homens: 15.669 palavras/dia
Diferença = 546 palavras

A pequena diferença constatada não é, segundo os pesquisadores, considerada estatisticamente significativa. Essa pesquisa foi feita para refutar o estudo da psiquiatra californiana Louann Brizendine, que afirmou em seu livro *Como as mulheres pensam* que as mulheres dizem vinte mil palavras, enquanto os homens falam apenas sete mil.[1]

A questão não está tanto na *quantidade* de palavras, mas na *qualidade* dos assuntos que homem e mulher expressam. As pesquisas demonstram que as mulheres conversam sobre relacionamentos, pessoas e sentimentos. Elas usam a argumentação para expor seus pontos de vista, portanto precisam trabalhar as palavras com eloquência. Além disso, também gostam de dar conselhos, ensinar, corrigir e criticar, e a maior parte delas alivia seu estresse conversando.

Já as funções cerebrais masculinas estão ligadas à lógica e às tarefas próprias da orientação espacial. Por isso são mais individualistas e competitivos, e suas ações são mais pensadas. O conteúdo de sua fala, quase sempre, é sobre si mesmo ou sobre coisas. Eles preferem passar boa parte do tempo refletindo, envolvidos em seus pensamentos e em silêncio. Não se sentem à vontade para expor sentimentos e tentam dissimular ou até negar suas emoções, evitando conversas mais afetivas. Enfrentam grandes dificuldades no que se convencionou chamar de "discutir a relação". Além disso, existe também a ideia cultural de que "homem não chora", pois não pode mostrar fraqueza.

Se os homens têm dificuldade para expressar seus sentimentos, é razoável supor que eles também tenham dificuldade para ouvir os anseios do coração do próximo. É por isso que as esposas reclamam que seus maridos não as ouvem! Uma coisa é certa: se o marido não a ouvir nem a deixar falar, as palavras permanecerão na mente da mulher, que ficará imaginando coisas. E ela pensará o *pior*, e tudo isso se voltará contra o marido. Portanto, é melhor escolher o caminho da comunicação e buscar compreender o coração um do outro.

O QUE É OUVIR O CORAÇÃO?

"É fácil ouvir o coração do outro! É só pegar um estetoscópio e colocar no lado esquerdo do peito." Brincadeiras à parte, não estamos falando de análise clínica. Nossa intenção é que as pessoas aprendam a se comunicar e caminhem para uma real intimidade. Cada pessoa pode expressar necessidades, sentimentos, desejos, expectativas, gostos, sonhos e crenças próprias. Simplesmente ser ouvido, sem prejulgamentos ou preconceitos, em um clima favorável, no qual cada um procure entender o ponto de vista do outro, com compreensão e respeito.

O casamento pode ser definido como a união de dois mundos. Cada um dos cônjuges tem uma história de vida, necessidades e sentimentos próprios. Um relacionamento a dois, porém, não é uma *fusão* de duas pessoas, em que um tem de anular seu jeito de ser e assumir a forma do outro. É muito comum os noivos ouvirem dos amigos: "Vocês vão se casar? Estão preparados para a forca?". Esse tipo de comentário provoca medo na juventude atual em relação ao casamento. Muitos preferem casar depois dos trinta anos para poder permanecer mais tempo solteiros e livres. Para esses, a união matrimonial representa uma prisão, que produz a perda de características pessoais e a fusão com o outro.

Nos casamentos que se baseiam em uma relação de fusão ou dependência, semelhante a uma gaiola de pássaros, os cônjuges vivem almejando abrir a portinhola e fugir. Anseiam ser livres para voar e escapar para outras relações. Sentem-se vítimas de ciúmes, manipulações, sentimentos exagerados de posse e tentativas de controle. Não se permite a individualidade e a autonomia. A comunicação é prejudicada, pois qualquer discordância é sentida como ameaça de separação ou amor insuficiente, culminando em um relacionamento destrutivo e infeliz.

Há casais, por outro lado, que vivem em uma relação de *independência* total, em que cada um vive a sua vida e faz o que bem entende. Encontram-se para uma boa relação sexual, dividem as contas da casa e as tarefas de educar um filho. Isso mais parece um negócio! Aliás, há cônjuges que são melhores pessoas no local de trabalho do que dentro do lar. Esse tipo de relação se baseia em muito egoísmo e em falta de companheirismo e intimidade.

Uma relação saudável se estabelece a partir da *interdependência*, isto é, cada cônjuge continua sendo quem é, sem perder sua individualidade, mas, ao mesmo tempo, necessita do outro. Há uma segurança no relacionamento. Fica claro o limite de quando depender do outro é necessário, mas também quando se é capaz de agir autonomamente. Existe um equilíbrio no qual o afastamento não é uma preocupação e a proximidade do outro não traz desconforto, nem a intimidade assusta. Há mútua confiança e capacidade de lidar com situações de discórdia. Aceita-se até mesmo a possibilidade das falhas, das deficiências e dos erros do outro. A paz é recuperada prontamente, por meio do perdão. Os conflitos diários são tidos como parte natural da convivência, que não será desestruturada tão facilmente. Portanto, a relação de interdependência traz mais confiança, amizade e empatia às necessidades do parceiro. Em outras palavras, uma capacidade maior de ouvir o coração do outro.

O PROCESSO DE OUVIR

Alcançar e manter um relacionamento seguro, com mais liberdade e interdependência, para o que estamos chamando de *ouvir o coração do outro* é um processo. Não é algo que acontece mágica e rapidamente, como um macarrão instantâneo. Embora vivamos na geração *fast-food*, em que tudo tem de ser rápido e compacto, quando se trata de relacionamentos interpessoais alcançar um relacionamento saudável e maduro leva tempo e requer flexibilidade, disposição e aprendizagem.

Ao longo desse processo, torna-se necessário aprofundar os níveis de comunicação. Não se entra no coração do outro apenas conversando sobre fatos do dia a dia, como educação dos filhos, orçamento da família, consertos da casa ou funcionamento do carro. Nem sobre as notícias do dia, o preço da gasolina, o político corrupto ou o time que ganhou o jogo. Essas conversas fazem parte do relacionamento, mas não tocam a alma.

Gary Smalley, em seu livro *Eu prometo*,[2] sugere que temos níveis de comunicação que se iniciam com certa superficialidade, mas que devem progredir. Sabemos que a porta de entrada para relacionamentos mais íntimos é poder expressar opiniões, pensamentos, ideias e expectativas. Por exemplo:

- "Prefiro não assistir a esse filme, porque tem cenas muito violentas. Podemos mudar de canal?"
- "Gosto do meu bife ao ponto. Da próxima vez você pode passá-lo um pouco mais?"

- "No próximo feriado eu gostaria de fazer uma viagem em família, talvez ir à praia, em vez de ir à casa dos seus pais de novo."

Em seu relacionamento, você consegue expressar uma opinião com liberdade? Dizer o que pensa, com certa habilidade, e discutir as possibilidades para as diferentes opiniões abre caminhos para aprofundar as conversas, para um nível de exposição de sentimentos mais profundos. Nesse ponto a segurança é fundamental. O outro precisa ser acolhido e saber que não será ridicularizado, e sim compreendido e respeitado no que sente:

- "Quando você chega tarde do trabalho, eu fico muito mal. Primeiro, porque temos pouco tempo para ficar juntos, e também porque me preocupo com o que pode acontecer com você, com tanto assalto por aí!"
- "Não me incomodo de você usar o cartão de crédito. Mas usá-lo sem me avisar quanto gastou me irrita. Quando chega a fatura, me sinto sem controle das contas que tenho de pagar."

É fácil para você expor seus sentimentos a respeito do comportamento de seu cônjuge? Sim ou não?

O casal que expressa seus sentimentos é capaz de revelar abertamente suas necessidades, incluindo aqueles fatores que muitas vezes prejudicam o relacionamento. Esse é um nível mais profundo, no qual se pode dizer com honestidade o que não está bem entre os dois, sem recriminação, julgamentos e defesas. Isso é utopia? Não, é uma conquista! É ouvir o coração do outro. Necessitamos entender que cada um contribui com 50% para que o relacionamento chegue a esse ponto. Assim:

- "Querido, você tem sido rápido demais nas preliminares em nossas últimas relações sexuais. Quero ser mais acariciada e tocada. Você já fez isso antes com mais romantismo."
- "Querida, por favor, quando eu chegar do trabalho, me deixe tirar uma soneca de meia hora e conversamos depois. Quando chego, você já começa a me falar sobre os problemas, aí eu fico irritado e não dou a atenção que você quer."
- "Preciso que você me ajude a disciplinar as crianças quando estiver em casa. Eu já passo a maior parte do tempo com elas. Não é justo você ficar com a fama de bonzinho e eu, com a de chata, que só dá bronca."

Há liberdade para expor aquilo que não vai bem entre vocês com honestidade e abrir um diálogo sobre como resolver a situação? Com que frequência isso acontece? Uma boa oportunidade de corrigir o que está errado, melhorando a convivência conjugal, é sinalizar para o outro o que não anda bem. Em Provérbios 16.24, a Bíblia confirma que uma boa comunicação traz grandes benefícios: "Palavras bondosas são como mel: doces para a alma e saudáveis para o corpo". Confira alguns desses benefícios para o corpo, segundo o livro de Smalley:

- Melhora a saúde física porque reduz o estresse.
- Aumenta a eficiência imunológica.
- Diminui o risco de doenças cardiológicas.
- Aumenta o bom humor.
- Há maior prazer e resposta sexual do casal.

A APRENDIZAGEM DO OUVIR

Adquirir uma comunicação mais profunda, sendo capaz de abrir o coração e ouvir o outro, não é uma tarefa tão simples. Exige habilidade e inteligência emocional. É preciso aprender certas regras e treiná-las.

Há casais que se amam, são bem-sucedidos profissionalmente, conquistaram bens materiais juntos como uma casa, um carro etc., porém são muito ruins na comunicação verbal. Não conseguem discutir um assunto divergente; não sinalizam equilibradamente ao outro quando ocorre algo que não agrada; não revelam suas vontades e seus gostos livremente. Ao contrário: nesses momentos utilizam manipulações, reclamações, críticas ou o silêncio. O jeito de se comunicar deve ser alvo de constantes avaliações para que haja crescimento e se possa medir se o relacionamento está saudável. Vejamos algumas dicas práticas de como comunicar ou responder ao outro, expressando sentimentos e opiniões de maneira clara e sincera, sem baixar o nível do diálogo.

O QUE É O *FEEDBACK* EM UM RELACIONAMENTO?

Uma das técnicas utilizadas para dar um parecer sobre algum assunto é denominada *feedback*. Trata-se de uma palavra de origem inglesa, que significa dar um retorno ou uma resposta, realimentar, comentar determinado pedido ou acontecimento. O termo também foi adaptado a outras áreas como administração de empresas, psicologia e até engenharia elétrica. Entretanto, podemos utilizá-lo em qualquer nível de relacionamento, como uma maneira mais estruturada de nos comunicarmos, sem perder facilmente o foco.

O *feedback* é uma ação que revela os pontos positivos e negativos, tendo em vista a melhoria e o bom desempenho de uma pessoa. Assim, não se utiliza o *feedback* quando se quer expressar um sentimento ou uma emoção. Ele deve tratar de ações, fatos, condutas e desempenho. Seu objetivo é apoiar o outro, se ele fez algo positivo, ou sinalizar um comportamento indesejado, quando é necessário modificar ou implantar um novo comportamento.

Antes de qualquer coisa, procure criar um ambiente apropriado para dar esse *feedback*. Busque um local adequado para falar, em particular, isento de interrupções.

TIPOS E TÉCNICAS DE *FEEDBACK*

Há basicamente dois tipos de *feedback*. O *positivo* se faz quando a pessoa realizou algo que superou as expectativas, foi responsável, cumpriu suas tarefas, contribuiu com os valores e os propósitos compartilhados. O *negativo*, ou *corretivo*, é a orientação que se faz para a pessoa interromper ou não repetir um comportamento inadequado, que está prejudicando o bom andamento do relacionamento. Existem algumas técnicas especiais para a aplicação de *feedback*, como a do sanduíche e a do disco quebrado, as quais veremos a seguir.

Técnica do sanduíche

Uma das mais conhecidas técnicas de aplicação de *feedback* é a técnica do sanduíche, criada em 1996 por Roland e Frances Bee e adaptada aqui com o auxílio dos *insights* da *coach* Daniela do Lago em seu livro *Feedback: Receita eficaz em dez passos*.[3]

Imagine que você queira fazer um sanduíche. Quais seriam os passos para isso? São três: cortar o pão, passar um molho e rechear, e fechar o pão. O *feedback* construtivo também pode ser feito da mesma maneira. Agora veja como usar isso ao dar um *feedback*.

Primeiro passo

Montar a base do pão: inicie a conversa com ênfase e valorização dos pontos fortes da pessoa.

> Esposa: "Querido, estamos casados há quinze anos e você tem sido um ótimo marido e um pai exemplar. Nossos filhos o admiram muito e gostam da sua companhia. Fico feliz que você me ajude a cuidar deles, colocando-os para dormir e auxiliando nas lições escolares enquanto preparo o jantar".

Segundo passo

Rechear: exponha pontos a serem melhorados. A exemplo de seu sanduíche, essa é a parte mais importante, por isso sua descrição é feita em tópicos:

a) Descreva o que aconteceu: Qual é o problema? Tenha bem claro o que precisa ser alterado e o motivo. Cite um exemplo real. Esse é um ponto crucial. É essencial que a pessoa compreenda qual é a questão. Em seguida, ela deve aceitar que há um problema. E, finalmente, é importante que veja que há a necessidade de mudar.

> Esposa: "Eu tenho notado que há pelo menos três semanas, quando você está em casa, sou eu que tenho disciplinado as crianças, quando elas desobedecem ou fazem algo errado. Hoje, quando o Betinho não quis tomar banho e ficou jogando *video*

game, você estava perto dele e poderia ter conduzido a situação. Eu tive que deixar o que fazia de lado para resolver um problema que você teria solucionado na hora".

b) Ouça: Permita que o outro exponha as dúvidas e os motivos de suas possíveis dificuldades.

Esposo: "Puxa, eu me distraí e nem notei o problema. Estava assistindo ao jornal na tevê e me desliguei do resto".

c) Descreva o comportamento desejado (o que se espera no final): Seja específico. É muito importante deixar claro o desempenho ou o resultado esperado!

Esposa: "Eu gostaria que, quando você estivesse em casa, a disciplina de nossos filhos fosse sua responsabilidade. Assim, compartilhamos nossas atividades e eles não ficam com a ideia de que eu sou a pessoa que só dá bronca e você é o bonzinho".

d) Procurem soluções juntos e cheguem a um acordo. Promova os ajustes necessários para a execução da tarefa, afinal isso pode não ser muito simples e o outro pode precisar de ajuda. Dê alguns exemplos, orientações e sugestões sobre como a tarefa pode ser realizada, tendo em vista o objetivo esperado.

Esposo: "Mas haverá momentos em que não vou poder discipliná-los por estar ocupado com algo importante, seja do trabalho, seja algo particular. Aí você vai ter que resolver sozinha".

Esposa: "Caso isso aconteça, o que você sugere que façamos?".

Esposo: "Eu posso avisar você de que estou muito ocupado e que não poderei ajudar".

Esposa: "Ótimo! Você me avisa e eu assumo a situação. Mesmo porque esses dias serão uma exceção. Combinado?".

Esposo: "Combinado! Vamos fazer assim!".

Terceiro passo

Fechar o sanduíche: Reforce os pontos positivos. Demonstre confiança na possibilidade de êxito.

Esposa: "Que bom poder contar com você na educação dos nossos filhos. Você tem um jeito especial de lidar com eles! Tenho certeza de que daqui para a frente não teremos dificuldade em discipliná-los".

Técnica do disco quebrado

Outra técnica utilizada para aplicar o *feedback* é denominada "disco quebrado". Consiste em repetir o que o outro acabou de dizer.

Exemplo 1

Esposo: "Nossa, eu me distraí e nem notei o problema. Estava assistindo ao jornal na tevê e me desliguei do resto".

Esposa: "Você está dizendo que se distraiu e não notou o problema porque estava assistindo à tevê. Então, eu gostaria que, quando você estivesse em casa, a disciplina de nossos filhos fosse sua responsabilidade. Assim, compartilhamos nossas atividades e eles não ficarão com a ideia de que eu sou a pessoa que só dá a bronca e você, o bonzinho".

Exemplo 2

> Esposo: "Mas haverá momentos em que eu não vou poder discipliná-los por estar ocupado com algo importante, seja do trabalho, seja algo particular. Aí você vai ter que resolver sozinha".
>
> Esposa: "Eu entendi que haverá dias em que você estará ocupado com algo importante e eu vou ter que resolver a situação. O que sugere que façamos nesses dias?".

Etapas básicas de um feedback

Em geral as etapas mais praticadas para um *feedback* efetivo são:

1) *Valorização da pessoa.* O objetivo principal é motivar a pessoa a continuar ouvindo e prestando atenção no restante da conversa. Ela não deve se sentir constrangida ou com a impressão de que receberá uma crítica negativa. Ressalte o tempo que convive com a pessoa. Cite uma qualidade, dando preferência a algo que guarde relação com o que constituirá o centro da conversa. Exemplo:

> Esposa: "Estamos casados há quinze anos e você tem sido um ótimo marido, um pai exemplar".

2) *Descrição da ação ou do comportamento inadequado.* Inicie a fala com "e" e não com "mas". O motivo é que usar a segunda alternativa invalida tudo o que foi dito anteriormente; nesse caso, nega o que você valorizou no outro. Exemplo:

> Esposa: "Estamos casados há quinze anos e você tem sido um ótimo marido, um pai exemplar. *E tenho notado que nas últimas semanas, mesmo com a sua presença, sou eu que tenho disciplinado as crianças. Combinamos que você se responsabilizaria pela disciplina delas se estivesse em casa*".

3) *Declaração para que a ação não se repita.* Essa parte deve ser feita com uma pergunta, dando o espaço para que o outro se explique. Exemplo:

> Esposa: "Estamos casados há quinze anos e você tem sido um ótimo marido, um pai exemplar. E tenho notado que nas últimas semanas, mesmo com a sua presença, sou eu que tenho disciplinado as crianças. Combinamos que você se responsabilizaria pela disciplina delas se estivesse em casa. *O que nós vamos fazer para evitar isso?*" (ou *O que nós vamos fazer para melhorar isso da próxima vez?*").

> **Atenção:** Diga "o que *nós* vamos fazer", em vez de "o que *você* vai fazer", já que é algo que deve envolver os dois.

4) *Declaração do compromisso estabelecido e agradecimento.* Se a pessoa envolvida não souber o que fazer, cabe a você dar uma sugestão. Caso ela tenha sugerido uma ação válida para resolver o problema, agradeça e finalize o *feedback*, confirmando o compromisso estabelecido. Exemplo:

> Esposo: "Querida, reconheço que me distraí assistindo à tevê e deixei de ajudá-la com nossos filhos. Você pode chamar minha atenção quando isso acontecer?".

> Esposa: "Você está me dizendo que tem se distraído com a tevê e não percebeu que precisava disciplinar as crianças?".

> Esposo: "Isso mesmo! Você pode me ajudar, avisando quando eu não estiver cumprindo com a minha responsabilidade?".

> Esposa: "Sim, claro. Sei que não vai ficar tão distraído daqui para a frente. Vou poder contar com você para disciplinar as crianças

quando estiver em casa. Nosso propósito como casal foi educar nossos filhos juntos e dividir nossas tarefas do lar. Sempre admirei você por isso. Agradeço a Deus pelo marido participativo que tenho. Sei que posso contar com você!".

Essas técnicas de *feedback* são algumas das maneiras de sinalizar o que não está bem na convivência conjugal. Porém, cada cônjuge deve tomar consciência de como anda sua atuação dentro do relacionamento. Sentir-se culpado não resolve o problema. É preciso corrigir o que está errado e manter uma atitude de revisão e aprendizado constante.

Avalie-se periodicamente e responda com sinceridade:

- Meu jeito de agir tem complicado ou facilitado a convivência entre nós?
- Estou causando satisfação ou insatisfação?
- Estou promovendo afastamento ou aproximação?

Aprendemos com o sábio rei Salomão em Eclesiastes 3.7 que há "tempo de calar, e tempo de falar". Isso reforça a ideia de que há o momento de silenciar para ouvir o coração do outro e, depois, responder a seus anseios. A sabedoria está em saber qual é o tempo certo para cada atitude. Porém, quando for o momento adequado da resposta (*feedback*), seja este o desafio do casal: "Que suas conversas sejam amistosas e agradáveis, a fim de que tenham a resposta certa para cada pessoa" (Cl 4.6).

3
VIVA SEM MÁSCARAS E ASSUMA RESPONSABILIDADES

Os relacionamentos interpessoais trazem a cada geração pressões e desafios que muitas vezes são difíceis de suportar. Como resultado, várias frustrações começam a emergir, pois as necessidades afetivas nunca ficam totalmente satisfeitas.

Existem pessoas que lidam com suas frustrações exteriorizando as emoções, canalizando-as para o ambiente ou, mais especificamente, *para o outro*. E fazem isso por meio da raiva, de respostas agressivas ou acusações. Há também os que agem de modo totalmente oposto: interiorizam suas frustrações e voltam *para si* toda essa emoção negativa. Realizam isso por meio da culpa, da ansiedade, da autodepreciação ou do recalque.

Ninguém aguenta viver muito tempo de nenhum desses dois jeitos, seja saindo por aí descontando suas frustrações nos outros, seja mantendo-se em uma autodepreciação contínua. Isso provoca uma reação de autodefesa na qual surgem *papéis ilusórios* ou *máscaras*, que utilizamos para conseguir conviver com as pessoas. Como uma das necessidades do ser humano é ser aceito por seus pares, não é muito difícil sustentar o pensamento de que se você mostrar o seu verdadeiro eu, correrá o risco de, mais cedo ou mais tarde, sofrer rejeição.

COMO SURGEM AS MÁSCARAS EM NOSSA VIDA?

Desde cedo aprendemos que grande parte de nossas necessidades é atendida por outras pessoas. O bebê descobre que ao chorar sua fome é saciada, as dores são amenizadas e as fraldas, trocadas. É seu modo de se comunicar com o mundo. Essas cenas de satisfação ficam gravadas na memória da criança e tornam-se a motivação para esperar *do outro* o preenchimento de cada carência afetiva.

Devido a essa aprendizagem, conseguimos por meio do choro, da queixa, das exigências, ou por nos fazer de vítimas, que as pessoas atendam a nossas necessidades. Esse comportamento foi o modo que encontramos para sobreviver às frustrações. Ele vai sendo introduzido sutilmente, dia após dia, em nossa identidade, como uma máscara que aprendemos a utilizar quando é conveniente. Esse comportamento é repetido por tanto tempo que algumas pessoas já não conseguem definir quem realmente são, se elas mesmas ou a máscara.

Ao buscar encontrar nosso espaço no mundo e ser aceitos pelos outros, somos submetidos, ao longo dos anos, às mais diversas pressões. Na infância há a necessidade de chamar a atenção dos pais, de se destacar entre os irmãos, de obter a atenção da professora na escola. Ao iniciar a adolescência, é preciso encontrar sua individualidade, conquistar o coração do amor de sua vida, ser o mais admirado da turma, definir o futuro acadêmico. Na juventude e na vida adulta, é preciso escolher com quem vai se casar e tornar-se a pessoa idealizada pelo cônjuge, ser bem-sucedido no trabalho, no meio social e na família.

No curso da vida, para enfrentar todos esses desafios, fazemos uso de personagens ou máscaras, os quais têm uma dupla função: *disfarçar* e *proteger*. Disfarçar as dificuldades que temos em manter um relacionamento mais autêntico, e proteger para que não soframos com a rejeição ao mostrar quem realmente somos.

O termo *máscara* deriva da palavra latina *persona* — é o mesmo significado do termo grego *hipokrites* (de onde vem o nosso "hipócrita"), o nome dado às máscaras usadas pelos atores no teatro grego clássico para simbolizar os papéis que estavam representando.

É desejável que nos comportemos adequadamente nos variados ambientes que frequentamos. Até aí, tudo bem. O problema está em viver uma vida falsa para corresponder às expectativas dos outros. Sem perceber, construímos uma imagem adulterada de nós mesmos. Vivemos diariamente um personagem que não é exatamente o que escolhemos ou queríamos ser, mas sim o que nos tornamos. A falta de autenticidade tem muitas vezes como consequência a desmotivação no dia a dia. Tudo nos parece uma obrigação, algo cansativo, enfadonho, no qual perdemos a energia. Quando a motivação não está correta, vivemos de maneira superficial e apresentamos ao mundo apenas uma fachada. Escondemos o verdadeiro indivíduo por trás da máscara, encobrindo nossas intenções e sentimentos mais íntimos.

Existe, assim, caso nada seja feito para mudar essa situação, uma grande possibilidade de se desenvolver o que chamamos de *crise existencial*. Essa crise normalmente acontece na fase adulta, por volta dos quarenta anos. Nessa idade, os mesmos questionamentos da adolescência voltam com toda intensidade: "Quem sou eu? Onde estou? Para onde vou?".

TIPOS DE MÁSCARAS MAIS UTILIZADAS

Já foram realizados vários estudos sobre os diferentes papéis que encenamos, como resultado das dificuldades em nossos relacionamentos. Tais personagens se tornam um padrão em nosso comportamento. É um meio de defesa que encontramos, consciente ou inconscientemente, para sofrermos o mínimo possível. Isso bloqueia uma comunicação mais honesta e impede uma intimidade mais profunda.

O psicólogo cristão Carlos Barcelos, em seu livro *Quero minha vida de volta*,[1] conta cinco histórias hipotéticas, que representam os papéis mais comuns nas relações interpessoais; aqui, tomaremos como base essas narrativas. Após uma leitura cuidadosa dos casos a seguir, sugerimos que você avalie se há identificação entre a sua maneira de agir e a de algum personagem da família de Mário.

Caso 1

Mário é alguém que tenta consertar todos os estragos e situações constrangedoras em sua família. Ele gostaria que sua família funcionasse corretamente e se esforça para preencher as faltas e os erros dos demais. Ajuda a mãe nas tarefas domésticas, como lavar roupa, preparar comida ou arrumar a casa. Sendo o filho mais velho, carrega o peso de servir de suporte emocional tanto para os pais como para os irmãos. Não recebia elogios e apoio da família, mas era reconhecido por pessoas de fora como alguém confiável, maduro, capaz e consciencioso. Na escola, era um dos melhores alunos. Sobressaía-se tanto nas tarefas que lhe eram solicitadas como naquelas em que tomava a iniciativa de realizar.

É uma pessoa com dificuldade para aceitar elogios. Não se permite vibrar com as vitórias, porque sempre tem a sensação de fracasso. Por mais bem-sucedido que seja, sente que as dificuldades de sua família permanecem as mesmas a cada dia. O nível de exigências sobre si é tão grande, que se sente sempre devedor de algo para alguém. Tudo o que faz acredita ser apenas parte de sua obrigação em tentar superar os problemas da família.

É um diplomata. Procura administrar as situações-problema de modo a conseguir o alívio da tensão na família. Age intermediando situações difíceis, procurando de todos os modos possíveis modificá-las para melhor. Conhece as palavras exatas para tranquilizar as pessoas. É um negociador nato.

Reconhece, antes de todos os outros, as nuvens sombrias no horizonte que podem trazer uma tempestade sobre a família e procura abrigar todo mundo. Dá sempre um jeito para manter os atritos familiares em um nível mínimo. Enfrenta o que vier, na esperança de poder modificar os problemas, às vezes até fazendo o que não gosta de fazer. Com pouca frequência escolhe o que deseja, mas nunca tem certeza se fez a coisa certa.

Chegou a ter um segundo trabalho para pagar as dívidas da família. De vez em quando, assume responsabilidades que não são suas. Ocupa-se com tantas atividades que não tem tempo para se preocupar com as próprias dores. Ao se desviar de seus problemas, evita a dor de enfrentá-los.

Caso 2

Mário tem um grande problema: Élcio, seu irmão do meio. Élcio cria muita confusão à sua volta e sente-se "responsável" pelo sofrimento da família. Quando criança, procurava atrair os olhares para si com as travessuras que aprontava. Então, aceitava ser punido para com isso amenizar o problema que afligia a todos.

Mário chama a atenção por ser diferente do irmão. Corrige sempre o que o irmão faz. Élcio, querendo aliviar Mário, acata suas zangas e seus repúdios, desviando para si a atenção do problema maior da família. Com isso, Élcio, quando aceita a culpa, recebe a atenção que lhe falta. Ele, sendo a causa de tudo, acredita estar suprindo a carência afetiva que sente. Leva ao pé da letra o ditado popular: "Falem mal, mas falem de mim". Geralmente persegue outros membros da família, acusando-os por seus problemas e dificuldades. Ao mesmo tempo, faz sua autojustiça e critica a todos. Com isso, esconde-se atrás dessa atitude, evitando enxergar suas fraquezas e corrigir seus erros. Tornou-se uma pessoa desagradável, por isso tem poucos amigos.

Caso 3

Geraldo é o mais alegre da família. Sempre faz brincadeiras sobre tudo e todos. Ri da seriedade de Mário e ridiculariza a rebeldia de Élcio. Todos se divertem com ele, pois os problemas da família se amenizam com suas piadas.

Ele acredita que tem a responsabilidade de suavizar a situação, fazendo com que esqueçam por um momento o sofrimento pelo qual passam. Quando vê os familiares sorrindo, sente-se importante e valorizado. Mas não se dá conta de que, muitas vezes, enquanto faz os outros rirem, sua tristeza interior é maior do que a de qualquer outro membro da família. Com suas brincadeiras e piadas, tenta desviar a própria atenção, e também a dos outros, da necessidade de enfrentar com coragem os problemas que afligem a todos.

Caso 4

Sara é a irmã caçula. Procura sempre passar despercebida. Na maior parte do tempo, fica quieta em seu canto. Quando se movimenta, o faz silenciosamente para não ser notada, como se não estivesse ali. Todos gostam dela, pois não dá trabalho e não exige muita atenção. É acometida frequentemente pela solidão por não se sentir à vontade para falar de suas necessidades.

Esforça-se para ser simpática com os outros e procura mostrar que não precisa de cuidado e atenção. Aplica seu tempo em leituras, em ouvir suas músicas prediletas, sempre com o fone no ouvido. Gasta a maior parte do dia na internet, conversando com os amigos. É tímida, com grandes dificuldades em aceitar envolvimento emocional, necessário a relacionamentos mais íntimos.

Caso 5

Elza está sempre disposta a pagar qualquer preço para aliviar a pressão familiar. Sacrifica seu tempo, energia e felicidade para manter a família unida. Iria até o fim do mundo para que tudo desse certo, isto é, conforme a sua definição de certo. As pessoas sempre a elogiam por ser uma mãe tão devotada à família. Acredita que seu marido, vendo o sacrifício que ela faz, pode vir a melhorar, resolvendo assim os problemas da família e trazendo a paz que ela tanto deseja.

A autopiedade é seu lema. Queixa-se constantemente da situação em que vive. Diz aos outros que "seria feliz, se as coisas fossem diferentes do que são". Acha que nada do que está acontecendo é justo, pois se considera uma pessoa boa e que não merece esta vida. Chora muito, reforçando sua autocomiseração.

Deseja que todos notem que ela é uma coitada, uma infeliz. Enquanto se vitima, não procura mudança pessoal, justificando a causa de seus problemas como algo que vem de fora. Assim, não olha para dentro de si e para os próprios erros. Sente-se culpada pelas dificuldades familiares. Procura resgatar essa culpa mostrando aos outros todo esforço e sacrifício que está fazendo para que sua família e seus problemas sejam resolvidos.

Após a apresentação desses cinco casos, você já tem condições de deduzir os papéis que cada um deles representa no teatro da vida:

- Caso 1: Herói
- Caso 2: Bode expiatório
- Caso 3: Mascote
- Caso 4: Criança perdida
- Caso 5: Mártir

Você provavelmente deve ter se identificado com algum personagem ou até com dois ou três deles, já que os papéis não são fixos. A pessoa pode atuar de maneira mesclada, exercendo ora um personagem, ora outro. Isso depende de com quem nos relacionamos e do ambiente em que estamos: o *herói* pode atuar ao mesmo tempo como *mascote*, um *bode expiatório* pode agir ao mesmo tempo como *mártir*, e assim por diante. Em qualquer tipo de grupo de pessoas encontraremos esses estilos de atuação: na família, no trabalho, na escola ou no time de futebol.

Nota-se também essa situação na relação conjugal. Cada um pode exercer esses papéis, influenciados principalmente pela posição de filho ou filha que ocupou em sua família de origem. O filho mais velho tem a tendência de ser *herói*. O caçula, possivelmente uma *criança perdida*. Um irmão do meio pode agir como *mártir*. Em outras palavras, cada um na família busca uma maneira de se proteger ou se defender. No casamento, a tendência é de que a pessoa venha a repetir o mesmo papel que exercia em sua família.

DEIXE A MÁSCARA CAIR

Não é fácil modificar um comportamento que se instalou há tanto tempo e virou hábito. Os papéis que escolhemos representar inconscientemente se tornaram um padrão e precisamos de esforço para transformá-lo.

Há um efeito ilusório nesses papéis. Eles promovem a falsa impressão de que o relacionamento caminha bem, mas, no íntimo, existe uma frustração. Alguém está se anulando ou abrindo mão de algum desejo, enquanto o outro está se beneficiando com a situação.

É preciso arrancar as máscaras e assumir as responsabilidades. Não espere ficar cansado, sem energia, entrar em uma crise existencial ou espiritual. Você é o responsável pela sua vida e precisa resolver essa situação! A Bíblia nos exorta a ser *íntegros*, que quer dizer "inteiros, não divididos". Veja o que dizem estas passagens da carta de Tiago:

- Tiago 4.8: "Aproximem-se de Deus, e ele se aproximará de vocês. Lavem as mãos, pecadores; purifiquem o coração, vocês que têm a mente dividida".
- Tiago 1.7-8: "Ele não deve esperar receber coisa alguma do Senhor, pois tem a mente dividida e é instável em tudo que faz".

Agir com transparência e verdade, consigo mesmo e com os outros, deve ser nossa prática diária, levando a sério a decisão de parar com a inconstância e com a mente dividida. O próximo passo é reconhecer e admitir a dificuldade. Deus fala mediante o profeta Jeremias, para nos alertar:

> O coração humano é mais enganoso que qualquer coisa
>   e é extremamente perverso;
>   quem sabe, de fato, o quanto é mau?
> Eu, o SENHOR, examino o coração
>   e provo os pensamentos.
> Dou a cada pessoa a devida recompensa,
>   de acordo com suas ações.
>
> Jeremias 17.9-10

Não nos conhecemos tão bem quanto imaginamos. Temos atitudes e reações que por vezes surpreendem até a nós mesmos. Mas o primeiro passo para a cura é admitir nossas dificuldades, fraquezas e necessidade de mudar. Nosso coração muitas vezes nos engana. Queremos alcançar benefícios, ser aceitos e amados, usando de recursos que nem sempre são legítimos. Não adianta querer ser o Messias salvando a todos, vitimar-se ou tornar-se aquele que melhor conta a piada. Precisamos reconhecer que tais atitudes estão erradas e precisam ser abandonadas.

"Então conhecerão a verdade, e a verdade os libertará" (Jo 8.32). Esta precisa ser uma realidade em nossa vida. À medida que andamos com Cristo — que é "a verdade" (Jo 14.6) —, ele vai mostrando *a nossa verdade* diariamente, revelando nossas fraquezas, imperfeições e atitudes dúbias. Assim, podemos confessá-las ao Senhor e receber perdão, pois o sangue de Jesus nos purifica de todo o pecado: "Mas, se confessamos nossos pecados, ele é fiel e justo para perdoar nossos pecados e nos purificar de toda injustiça" (1Jo 1.9).

Abandonar as máscaras significa transformar nossa mente. Agir de maneira diferente. Quebrar o funcionamento daquilo que está errado. "Até hoje eu fazia assim. Mas agora que entendi o que sou capaz de fazer para me sentir aceito e amado, não vou mais usar de manipulações ou artimanhas. Vou ser a pessoa que realmente sou. Vou me mostrar de verdade e receber o afeto mais legítimo."

A vontade de Deus para nossa vida é que vivamos de maneira intensa e plena, experimentando relacionamentos agradáveis e profundos. Livre-se de toda hipocrisia e engano. Seja uma nova pessoa. Não no sentido de ser quem não é. Mas tenha uma nova atitude, sendo verdadeiramente *você*, aceitando-se como é e acolhendo os outros como eles são.

> Não imitem o comportamento e os costumes deste mundo, mas deixem que Deus os transforme por meio de uma mudança em seu modo de pensar, a fim de que experimentem a boa, agradável e perfeita vontade de Deus para vocês.
>
> Romanos 12.2

Portanto, livrem-se de toda maldade, todo engano, toda hipocrisia, toda inveja e todo tipo de difamação.

VIVA SEM MÁSCARAS E ASSUMA RESPONSABILIDADES

1Pedro 2.1

Logo, todo aquele que está em Cristo se tornou nova criação. A velha vida acabou, e uma nova vida teve início!

2Coríntios 5.17

Examine a si mesmo e responda com sinceridade a estas perguntas:

- Será que estou usando algum tipo de máscara? Acaso estou vivendo um personagem?
- Em que relacionamentos eu uso com mais frequência esses papéis? Na família? Com o cônjuge? No trabalho? Com os amigos?
- O que estou tentando esconder?
- O que pretendo ganhar com isso?

Seja honesto consigo mesmo! Assuma a responsabilidade de alcançar a vida abundante que Deus quer lhe dar. Isso consiste em manter relacionamentos autênticos e transparentes. Cada um deve se sentir livre para falar de seus sonhos, desejos, sentimentos, emoções, bem como de suas fraquezas, medos e ansiedades.

Você não é obrigado a fazer nada, visando agradar o outro, para ser aceito e sentir-se querido. O amor verdadeiro não exige a modificação da pessoa, a ponto de ela se descaracterizar completamente. Aquele que ama, recebe, espera e aceita o outro, com suas qualidades e defeitos. Na caminhada da vida, viverão e aprenderão a administrar suas diferenças, cedendo cada um onde é possível, mas sem ter de recorrer a disfarces e falsidades.

4
ESTABELEÇA LIMITES SAUDÁVEIS

— Eu não aguento mais ver seus cabelos no sabonete quando vou tomar banho! — reclama Cláudio.

— E quem disse que são só os meus cabelos que estão naquele boxe do banheiro? — retruca Soraia.

— Lógico que são todos seus! Existe outro ser humano loiro nesta casa?

— E você, que entra para tomar banho sem pedir licença, bem na hora em que estou secando meu cabelo? Ainda embaça todo o espelho!

— Quer saber, eu já estou sem paciência com você! Você vive invadindo minha privacidade e eu nunca reclamei. Não consigo nem ler um livro em paz! — sai Cláudio resmungando, batendo a porta, enquanto Soraia cai no choro.

Essa cena é de um casal que está vivendo uma "crise de limites" típica de recém-casados, em que novas regras, normas e modos de convivência a dois ainda não foram estabelecidos efetivamente. Em geral, elas se estruturam de forma velada ou sutil, ou algumas vezes explícita. Isso é comum na fase inicial do casamento. Infelizmente, muitas crises e até divórcios têm suas origens na falta de respeito quanto à liberdade de agir ou pensar do outro cônjuge.

A "crise de limites" não atinge apenas as relações conjugais, mas também o relacionamento entre pais e filhos, professores e alunos, colegas de trabalho e em outras esferas sociais. Uma quantidade crescente de indivíduos, em nossos dias, perdeu os parâmetros da alteridade, ou seja, a capacidade de ver a vida sob o ponto de vista do outro e de se colocar em seu lugar. Esse tema tem sido motivo de reflexões da sociedade e de governos, motiva pesquisadores e ocupa espaço na mídia.

Nestes últimos anos, com nosso trabalho de aconselhamento de casais e de famílias, temos visto um significativo aumento de distúrbios emocionais ou patologias da alma, decorrentes de crises nos relacionamentos. Há pouco tempo, nossas conversas com os casais tinham como temas centrais: *conflitos* devido a diferenças de temperamentos; *dúvidas* sobre alguma área da vida conjugal; ou *ressentimentos* que precisavam ser acertados. Com poucos encontros, conversas objetivas, uma boa base bíblica e oração, rapidamente as pessoas deixavam Deus agir em sua vida. E pronto! Reconciliação quase sempre atingida; os casos mais difíceis de solucionar eram as exceções.

Atualmente, a realidade mudou. Os aconselhamentos para situações mais simples agora são a exceção. A falta de limites entre indivíduos gera uma sociedade mais permissiva, que tem refletido esse padrão dentro dos lares. Como consequência, temos graves disfunções na família.

Já em 2001, a psicopedagoga e psicanalista Cybelle Weinberg, no livro *Geração delivery*,[1] reforçava a ideia de que a falta de limites é algo contemporâneo. As mudanças decorrentes de novas invenções e descobertas com tecnologias poderosas convivendo com uma ciência cada vez mais surpreendente — mudança de sexo, bebês gerados artificialmente, alimentos transgênicos, pessoas interligadas pelas redes sociais, e assim por diante —, em um mundo em que tudo é quase possível, contribuem para a existência de indivíduos cada vez mais sem limites.

Todo esse contexto de um mundo cheio de possibilidades e que evolui velozmente contribuiu para que as relações familiares se deteriorassem. Marido e mulher parecem viver em luta, em uma competição de boxe ou UFC. Cada um defende o seu lado, protegendo-se do ataque do outro — e vence o mais esperto e poderoso. Os pais, com dificuldades de impor limites aos filhos, não sabem dizer não. Filhos crescem sem que tenham a noção de regras básicas, necessárias para uma vida em sociedade. Pais dão tudo o que os filhos querem, sem deixar que eles sintam a necessidade de *conquistar* o que desejam. Não permitem que enfrentem as reais dificuldades da vida.

Essa avalanche de informações e tecnologias, em um mundo cada vez mais relativizado, trouxe também a inversão de papéis. Os pais, querendo se identificar com os filhos, se tornaram "moderninhos", assumindo uma posição de colega dos filhos quando, na realidade, deveriam ser *referência* e *orientação* para suas crianças. Em razão da ausência dos pais, seja por negligência emocional, seja por causa de um divórcio, os filhos acabam assumindo a responsabilidade de conselheiros ou provedores financeiros.

A inserção da mulher no mercado de trabalho e sua ascensão profissional, em muitos casos, transformaram sua independência financeira em desrespeito ao parceiro. O marido, sem conseguir evoluir emocionalmente com essa nova mulher, ou desiste de sua hombridade ou vai para outro extremo: torna-se mais soberano e controlador. Há ainda casais que permanecem confusos e, por meio de tentativa e erro, procuram se adequar aos novos tempos.

Muitas dessas situações já foram previstas nas Escrituras. O apóstolo Paulo afirmou que nos últimos tempos teríamos grandes dificuldades nos relacionamentos devido ao afastamento das pessoas em relação a Deus:

> Saiba que nos últimos dias haverá tempos muito difíceis. Porque as pessoas só amarão a si mesmas e ao dinheiro. Serão arrogantes e orgulhosas, zombarão de Deus, desobedecerão a seus pais e serão ingratas e profanas. Não terão afeição nem perdoarão; caluniarão outros e não terão autocontrole. Serão cruéis e odiarão o que é bom, trairão os amigos, serão imprudentes e cheias de si e amarão os prazeres em vez de amar a Deus.
>
> 2Timóteo 3.1-4

DEUS E A QUESTÃO DOS LIMITES

Deus, aquele que é o Criador, conhece a natureza humana e seus atributos. Ele estabeleceu os limites para o ser humano e também o alertou sobre as consequências de seu descumprimento. Gênesis revela: "Mas o SENHOR Deus lhe ordenou: 'Coma à vontade dos frutos de todas as árvores do jardim, exceto da árvore do conhecimento do bem e do mal. Se você comer desse fruto, com certeza morrerá'" (Gn 2.16-17). A partir do momento em que o primeiro casal quebrou essa regra, a humanidade perdeu o referencial dos limites e sofre as consequências até hoje.

Temos inúmeros relatos bíblicos de fatos e ensinamentos sobre limites. Destacamos que Deus, ao chamar Abraão, estabeleceu os limites. Ele deveria sair de sua terra, mas não iria para qualquer lugar, e sim para a terra que Deus lhe mostraria. Ou seja, Deus fez uma promessa, mas deu os rumos, as orientações apropriadas, que deveriam ser seguidas. Gênesis diz: "O SENHOR tinha dito a Abrão: 'Deixe sua terra natal, seus parentes e a família de seu pai e vá à terra que eu lhe mostrarei'" (Gn 12.1).

Dentre os ensinamentos sobre limites, Tiago nos adverte quanto a nossa palavra. Ela deve ser segura e sem rodeios: "Que seu 'sim' seja de fato sim, e seu 'não', não, para que não pequem e sejam condenados" (Tg 5.12).

Não é nosso objetivo fazer um estudo exaustivo sobre o que a Bíblia diz sobre limites. Perceba, entretanto, que se Deus, desde a Criação, se preocupou com esse tema, é porque precisamos observar com atenção a maneira como lidamos com os limites em nossa vida.

LIMITES E FRONTEIRAS

Os limites são facilmente perceptíveis no mundo físico. Caso não observe o sinal para pedestres ao atravessar a rua, você correrá o risco de ser atropelado; ao sentar em uma cadeira que não suporta seu peso, poderá ir ao chão. No entanto, quando se trata do mundo invisível, ao avaliarmos os anseios da alma e do espírito, os limites são igualmente reais, mas não tão fáceis de identificar. Caso não sejam obedecidos, também podem nos trazer dificuldades, como acontece em relação aos limites visíveis.

Podemos definir *limite* como tudo o que determina minha responsabilidade e liberdade, o ponto onde elas começam e terminam. Para uma boa convivência, é necessário que cada um conheça seu dever, faça sua parte e cumpra um mínimo de normas. Só assim se pode usufruir de direitos, desejos e realizações.

O limite também nos dá uma noção de fronteira, que nos lembra a demarcação de territórios. Se existe uma fronteira é porque há uma linha que separa dois continentes ou dois lados. Significa que há algo que pode ser transposto. O problema é saber se essa linha é um convite a passar para o outro lado ou se, ao contrário, é uma ordem para permanecer de um lado só, no seu lado. É o que acontece quando as demarcações não são visíveis nem respeitadas.

O QUE É MEU E O QUE É DO OUTRO

Viver em grupo implica a necessidade de cada pessoa cumprir sua responsabilidade, mas avaliar qual é essa responsabilidade é a parte mais complicada. O apóstolo Paulo nos mostra princípios que podem auxiliar nosso entendimento. Escrevendo à igreja que se reunia na Galácia, ele diz:

> Levem as cargas uns dos outros.
>
> Gálatas 6.2, NAA

E, mais adiante:

> Porque cada um levará o seu próprio fardo.
>
> Gálatas 6.5, NAA

O livro *Limites no casamento*, de Henry Cloud e John Townsend,[2] exemplifica esses ensinos de uma maneira bem contextualizada. Atualmente não usamos tanto a palavra *fardo* (um embrulho mais ou menos pesado, preparado para transportar); o termo que se encaixaria nesse texto seria *mochila*. Portanto, a frase ficaria assim: "cada um levará a sua própria *mochila*", o que significa que o responsável em cumprir com seus deveres e assumir as consequências por não cumpri-los é você mesmo.

Nesse caso, encontramos dois tipos de pessoas: aquelas que têm a tendência de carregar a mochila dos outros e as que sempre deixam o outro carregar sua mochila. Em nossa vida, temos responsabilidades que são intransferíveis, e quando não as cumprimos sofremos as consequências.

Seria tão bom se tudo funcionasse assim, cada um cumprindo seu dever! Mas nem sempre isso acontece.

A realidade dos relacionamentos é outra. Existem pessoas que, além de fazer sua parte, também fazem a do outro e acabam sobrecarregadas. Alguém deixa de cumprir o que lhe é devido e, com o passar do tempo, o relacionamento se deteriora e entra em crise.

Os pais devem prestar atenção na educação de seus filhos. O ensinamento de Paulo sobre cada um carregar a própria mochila deve ser aprendido na infância. É muito comum, na porta da escola, quando a mãe vai pegar o filho no fim das aulas, o garoto dizer: "Mãe, leva minha mochila!".

A mãe, prontamente, como um "cabide", leva não só a mochila, mas todos os outros materiais e pertences do filho. Essa pequena criatura já está aprendendo que não precisa se responsabilizar por sua mochila, pois tem alguém para carregá-la. É claro que a mãe deve cuidar para que a mochila tenha um peso compatível com o que a criança possa suportar. Mas seria muito bom se essa mãe dissesse ao filho: "Leve você a sua mochila, porque já estou carregando a minha bolsa. Cada um carrega suas coisas".

Que ensinamento valioso já estaria sendo interiorizado nessa criança, importante até para a vida adulta e sua convivência na sociedade! Desse modo, a criança começa a desenvolver um sistema interno de limite e espaço, elementos fundamentais para dar significado e controle a sua autoestima e espontaneidade.

Para o adulto, porém, é útil uma autoanálise, respondendo a perguntas capazes de avaliar sua situação, como: "Você tem a tendência de carregar a mochila dos outros? Permite que os outros carreguem sua mochila?".

Já a primeira exortação de Paulo, "levem as cargas uns dos outros", diz respeito a alguns momentos difíceis em nossa vida, em que sentimos que sozinhos não suportaremos. Seja uma dor, um sofrimento, uma perda ou uma situação complicada demais para enfrentar, nessas horas precisamos compartilhar nossas angústias. Os momentos de crise são as nossas *cargas*, nossas rochas pesadas que, sozinhos, não temos forças para carregar. Há necessidade de contar com pessoas com as quais possamos dividir o peso. Alguém que nos ofereça um bom conselho, ore, exorte, dê um suporte ou apenas nos abrace e console. Enfim, que esteja ao nosso lado para que carreguemos com mais tranquilidade a nossa carga quando ela estiver pesada demais. Isso nos leva a finalizar esta seção com uma última pergunta para sua autoanálise: Há pessoas com as quais você divide o peso das cargas em sua vida?

AUSÊNCIA DE LIMITES E SUAS CONSEQUÊNCIAS

O conceito de limites coopera para trazer coesão aos relacionamentos, bem como à pessoa em si. A falta ou o excesso de limites e as dificuldades de lidar com eles trazem consequências inevitáveis, como distúrbios de ordem psicológica (por exemplo, culpa, vergonha, mágoas, compulsões, depressão, fobias, doenças psicossomáticas) e dificuldades nos relacionamentos conjugais, familiares, sociais e profissionais.

Outro resultado da falta de limites tem a ver com a *identidade* de cada pessoa, pois são os limites que definem:

- Quem somos
- Quem é o outro
- O que é seu
- O que é do outro

Ao não conseguir perceber essa divisória entre você e o outro, não há consolidação da identidade, ou seja, crenças, valores, desejos, expectativas, características pessoais, sentimentos e tudo o mais que determina quem você é e o que é seu. Também não há desenvolvimento de sua *individuação*, conceito criado pelo psicólogo suíço Carl G. Jung, ao propor que cada pessoa é um ser único, singular, incomparável e inteiro. Nesse sentido, a dificuldade de lidar com os limites faz a pessoa tornar-se dependente do outro em vários aspectos, como: seguir em frente com sua vida, fazer suas escolhas, tomar suas decisões, atrelar seus anseios e sonhos ao parceiro etc. Deixa, assim, de viver a própria vida e vive algo que não é seu. Essa condição pode deixá-la doente na alma bem como no corpo.

Muitos não conseguem identificar se estão sabendo lidar de maneira adequada com seus limites. A seguir examinaremos algumas características daqueles que não conseguem impor limites para si e para os outros. Esses itens foram catalogados em nossa pesquisa bibliográfica e também a partir de nossa experiência nos aconselhamentos:

- Apresenta baixa autoestima; implica consigo mesmo; culpa-se; rejeita elogios; mantém-se na defensiva; sente-se vítima; teme erros, fracassos e rejeição.

- É ansioso e intolerante; vigia as pessoas.
- É controlador ou então o oposto: muito submisso.
- Fecha-se ou abre-se demais ao que lhe pode trazer felicidade.
- Equipara o amor à dor ou ao sofrimento.
- Sua comunicação se dá por meio de coerção, ameaças, acusações e manipulações.
- Não consegue dizer sim ou não quando necessário.
- Não consegue expressar seus sentimentos, desejos e pensamentos de maneira franca.
- Faz coisas que prometeu jamais fazer.
- Deixa que os outros o magoem e também magoa os outros sem perceber.
- Reprime sua raiva ou vai para o outro extremo, faz coisas más para se vingar, agindo de modo hostil.
- Confia demais nas pessoas, até naquelas não tão confiáveis.
- Perde facilmente a fé e a confiança em Deus.

Em casos mais graves, há pessoas que entram em depressão, isolam-se, perdem o controle da estrutura da vida diária. Negligenciam as responsabilidades, começam a se afastar dos relacionamentos ao qual se sentem aprisionados (namoro, casamento, família etc.). Viciam-se em remédios, jogos, internet, sexo, álcool e drogas. Examine a lista anterior e verifique sua condição. Não existe uma quantidade certa de características que defina se você está ou não sabendo lidar com os limites em sua vida, mas é importante que identifique como está a qualidade dos seus relacionamentos. Perceba como você se sente em relação a eles. Se estiver em um ambiente favorável, de aceitação e respeito, esses sintomas serão amenizados. Caso contrário, eles aparecerão com força.

Deus nos deu o privilégio de podermos pensar, sentir e agir. Isso nos faz bem e nos traz paz. Se nos respeitarmos e também aos outros, poderemos dar e receber amor. O que todos desejamos e buscamos é obter uma atmosfera agradável à nossa volta para cultivarmos relacionamentos saudáveis. Caso não seja essa a sua realidade, se o ambiente em que vive ou o seu relacionamento não lhe traz, na maior parte do tempo, alegria, paz e bons momentos, está na hora de começar a mudar essa situação.

AS LEIS DOS LIMITES

A ciência mostra que nosso mundo é repleto de leis naturais da física e da matemática. Temos também as leis no campo jurídico e os princípios das Escrituras Sagradas que norteiam nossa vida. Acontece a mesma coisa com os limites: existem algumas leis que estão em ação, mesmo que não as percebamos. Ao caminharmos à noite pela rua, a lua não cai sobre nossa cabeça porque existem leis da natureza que fazem com que ela permaneça no céu. Assim também é em nossos relacionamentos: para que eles funcionem de maneira satisfatória, precisamos de alguns princípios. Portanto, é necessário termos algumas estratégias práticas para estruturá-los. Tomamos como base o trabalho de Cloud e Townsend, que apresentaram as "leis dos limites". Algumas delas serão mencionadas aqui, contando também com adaptações e acréscimos feitos por meio de nossa experiência em aconselhamentos.

Lei nº 1: a lei do semear e colher

A pessoa sempre colherá aquilo que semear.

Gálatas 6.7

Muitas vezes uma pessoa se descontrola e não sofre as consequências por esse comportamento. Ao proteger alguém em seu procedimento errado, nós o livramos das consequências naturais de seus atos, permitindo que continue a se comportar irresponsavelmente. Dar cobertura a uma pessoa que age assim poupa-a de sentir qualquer tipo de dor ou desgosto e assumir a responsabilidade pelos atos irresponsáveis. Irresponsabilidades crescentes só trarão consequências mais danosas do que as que foram plantadas.

Todas as nossas ações têm consequências. Ao tratarmos o outro com responsabilidade e amor, a troca será positiva. Quando alguém não cumpre seu dever, o outro ficará sobrecarregado. Surgem então as mágoas e os ressentimentos que perturbam o bom andamento do relacionamento.

Responda com sinceridade: você tem acobertado alguém que tem sido irresponsável, não deixando que sofra as consequências dos próprios atos? Recorda alguma vez em que se descontrolou e acabou sofrendo as consequências por seu comportamento errado? Veja alguns exemplos de atitudes que afetam toda a família e que podem gerar consequências desagradáveis por falta de limites:

- Ataques de fúria, raiva, egoísmo e ciúmes.
- Acessos de mau humor.
- Manipulações envolvendo choro, vitimizações, culpa, coerção, perda da liberdade, imposição de regras demasiadamente rígidas, pressão psicológica, negligência.
- Descontrole financeiro.

Lembre-se sempre de que aquele que gerou o problema deve enfrentar as consequências do que fez, pois *a dor traz o amadurecimento*.

Lei nº 2: a lei da responsabilidade

Porque cada um levará o seu próprio fardo.

Gálatas 6.5, ARA

Todo relacionamento traz algumas responsabilidades que podem variar dependendo da cultura e educação recebidas, mas há casos em que é necessário estabelecer princípios com clareza, desde o começo do vínculo. Assim, a cobrança sobre os limites preestabelecidos será algo natural e de comum acordo.

O objetivo na convivência deve ser buscar o bem-estar e o respeito pelos sentimentos do outro. Porém, no casamento, quando uma das partes não demonstra um mínimo de responsabilidade sobre seu cônjuge, a razão pode ser algo grave. Essa pessoa pode não assumir sua vida de casada e viver ainda como solteira.

Os problemas surgem quando os limites e a responsabilidade se confundem. Não se pode sentir o que o outro sente, tampouco se pode pensar por ele. Não dá para agir em seu lugar — cada um deve fazê-lo por si mesmo. Ninguém pode responder pela vida de outra pessoa. Ser responsável inclui impor limites para o comportamento destrutivo do outro e conhecer os próprios limites.

As perguntas a seguir foram elaboradas como um teste para que você possa identificar se é uma pessoa que consegue colocar limites ou é condescendente:

- Você acha que consegue saber o que a outra pessoa está sentindo? É capaz de enxergar suas necessidades e desejos, mesmo que ela não peça sua opinião?

- Você acredita que de vez em quando consegue convencer o outro de como ele deve pensar ou se sentir? Faz isso com o objetivo de zelar pelo bem-estar dele?
- Você às vezes consegue enxergar facilmente como resolver o problema do outro e chega até a agir em seu lugar, caso ele não tome iniciativa? Consegue se lembrar de alguma circunstância em que isso ocorreu?
- Você tem deixado outra pessoa pensar por você, agir e fazer algo que você gostaria de fazer ou que seria de sua responsabilidade? Em que circunstâncias?

Caso tenha respondido sim a duas ou mais questões acima, é necessário reavaliar suas atitudes. Verifique se não tem assumido mais responsabilidades do que deveria, ou então se tem deixado de assumir suas responsabilidades. Comece agora mesmo a mudar sua maneira de agir e encarar as pessoas, pois cada um deverá ser responsável por si mesmo.

Lei nº 3: a lei do poder

Só posso mudar a mim mesmo.

Existe uma ferramenta incrível nas mãos de cada ser humano: o poder de mudar a si mesmo! Muitas pessoas chegam até nós pedindo ajuda e conselhos para mudar o cônjuge. Consideram que *se ele* mudasse de atitude, *se ele* agisse de outro modo, *se ele* pensasse diferente, *se ele* se convertesse... enfim, é sempre o *outro* que precisa mudar. Alguns são um pouco mais humildes e até reconhecem que também precisam agir de modo diferente em algum aspecto. Mas desde a época de Adão, que disse: "Não, Senhor, foi a mulher que tu me deste...", é inerente ao ser humano deixar a culpa do problema com o outro e tentar mudá-lo ou moldá-lo. É muito mais confortável e menos trabalhoso.

Entenda esta verdade: podemos *influenciar* o outro, mas não podemos *mudá-lo*. Só podemos mudar a nós mesmos. Em Gálatas 5.23, uma das características do fruto do Espírito que recebemos ao entregar nossa vida a Cristo é o domínio próprio. Ou seja, somos exortados primeiro a cuidar de nosso autocontrole. Mudar nossas características, como impaciência, intolerância ou compulsividade, é o mais difícil. Isso nos ajuda a compreender as falhas e as dificuldades que o outro também possui para enfrentar suas fraquezas.

Você tem o poder de mudar muita coisa, seja um mau hábito que está causando problema em seu relacionamento, seja sua comunicação a respeito do comportamento errado do outro. É capaz até mesmo de tomar a iniciativa para que haja transformação em uma circunstância conflituosa.

Só o fato de você parar de esperar o outro mudar e tomar uma posição sobre determinado assunto que perturba seu relacionamento já é um começo. Raramente os problemas são causados por uma só pessoa. Os dois lados têm sua parcela de contribuição. Jesus nos dá uma boa dica para iniciar a mudança em Mateus 7.1-5: "Primeiro, livre-se do tronco em seu olho", ou seja, comece cuidando de você, para depois criticar o problema do outro.

O que chamamos de *efeito dominó* acontece quando colocamos aquela imensa fileira de pedras em pé e um simples toque na primeira peça faz com que todas elas caiam. Isso também acontece quando mudamos nossa atitude em relação ao comportamento destrutivo do outro. Não há como ficar inerte diante de uma situação que se repete constantemente. Se mudar a sua atitude, o outro também terá de reagir.

Talvez você questione: "Faz muito tempo que eu ajo de uma maneira e meu marido não muda!". Ou: "Já cansei de falar com minha mulher e é sempre a mesma coisa!". Você já deve ter ouvido esta expressão alguma vez em sua vida: "Insanidade é fazer sempre a mesma coisa e esperar resultados diferente". Ou seja, se você deseja que algo mude em sua convivência com o outro é preciso quebrar esse ciclo e inovar para ter resultados diferentes. Em outras palavras, se quiser que o outro mude, mude primeiro você. Se toda vez que o outro lhe causa algum transtorno você só reclama, sem tomar nenhuma atitude, sem alterar sua conduta, o outro se acostumará com esse padrão e persistirá em seu comportamento irritante. Surpreenda-o! Pense em algo diferente para que ele se dê conta do quanto isso irrita e entristece você.

Ao impor limites, seu cônjuge estranhará e desejará revidar. Portanto, seja responsável sem ser rude ou magoar o outro. Aja de maneira afetuosa, inteligente e sábia. O outro tentará resistir, porque ninguém gosta de ouvir um não. É positivo também que você se coloque no lugar daquele que recebe um não. Assim como você não gosta de ser contrariado, seu cônjuge provavelmente também não gostará. Colocar-se no lugar das pessoas é a melhor maneira de saber se estamos indo além do que elas podem suportar.

Verdade e *amor* são princípios que devem caminhar juntos. Amar o outro significa respeitar sua liberdade de escolha. É necessário conter o desejo de querer fazer com que seu cônjuge pense, aja e tenha os mesmos critérios que você. Ter a humildade de reconhecer e apreciar os valores, os sentimentos, as peculiaridades e a maneira do outro de agir é o que nos torna pessoas nobres e sábias.

Se você deseja que os outros o respeitem, é preciso aceitar e apreciar a liberdade e os limites deles também. Só assim abriremos caminhos para que tenhamos os nossos limites respeitados. Reflita sobre estas questões:

- Você tem pensado nas atitudes e reações do outro ao receber informações sobre a imposição de seus limites?
- Está ciente de que poderá enfrentar resistências devido a sua atitude?
- Tem respeitado os sentimentos e a maneira de ser e agir do outro? Tem comunicado claramente o que você gostaria que o outro observasse?
- Como você tem praticado todas essas ações? Com amor e verdade? Ou sendo passivo e dando desculpas?

Gaste sua energia e seu tempo para mudar a si mesmo, e você terá um relacionamento com mais respeito e liberdade. Não temos o poder de mudar as pessoas, mas podemos influenciá-las. O Criador, como um Ser Soberano, pode mudar a tudo e a todos, mas quando nos referimos às capacidades dos seres humanos, ninguém muda ninguém. Mudamos a nós mesmos e influenciamos os outros — esse é o princípio da terceira lei dos limites.

Lei nº 4: a lei da motivação

É preciso agir sem imposição.

O que evidencia se um relacionamento é maduro e vai bem é o fato de os envolvidos poderem agir e se expressar sem imposição. O amor traz liberdade; cada um pode se sentir livre para ser quem verdadeiramente é. Não precisa ser diferente para que o outro possa amá-lo; isso não é amor, é escravidão. Os limites ajudam a reconhecer onde começa e termina a *minha* liberdade e a *minha* responsabilidade. Assim saberei também identificar e respeitar os parâmetros do outro.

Um bom teste para saber se você está em um relacionamento com liberdade e não com imposição é avaliar como anda sua motivação. Se você faz algo para o outro e sua motivação não é amor, gratidão, afeto, e isso não lhe traz alegria a maior parte do tempo, há algo de errado nessa convivência.

O problema está em viver "a maior parte do tempo" contrariado e sem querer estar ali. Isso implica dizer que é normal quando você não tem vontade de fazer certas coisas em alguns momentos, mas acaba cedendo por amar seu cônjuge. Às vezes, não é nada fácil para um marido ir ao *shopping* com a esposa e ficar horas caminhando, entrando e saindo de loja em loja. Mas ele faz esse sacrifício por ela quando não há outra opção. A mesma coisa acontece com a esposa, que senta ao lado do marido para assistir a uma partida de futebol quando ela não se interessa por isso. O importante é ser livre para dizer não ou para dizer sim sem estar sob pressão. Se fazemos sacrifícios é por entender que em um relacionamento de amor há uma troca, uma cumplicidade, em que um parceiro cede um pouco aqui e o outro ali. Uma motivação positiva consiste em poder optar de modo pessoal e com liberdade, dizer sim ou não com sinceridade. Você não deve fazê-lo como se estivesse cumprindo uma obrigação, por medo, culpa, raiva, necessidade de agradar o outro ou qualquer argumento que não seja por amor, afeto, alegria ou gratidão.

O fato de ter de fazer algo já acaba com o querer e interfere na motivação, que não é mais espontânea, e sim influenciada por sentimentos negativos, como chantagem emocional, ameaça, medo etc. Quando Jessica, nossa filha, era pequena, gostava de tomar seu leite com chocolate antes de dormir. E toda noite ela, já com seu pijama, pedia para a Magali:

— Mãe, faz meu chocolate?

E lá ia a Magali fazer o leite da Jessica. Os anos foram passando e a rotina continuava. Até que, um belo dia, quando Jessica tinha seus oito anos, Magali pensou: "Acho que uma garota de oito anos já sabe fazer seu copo de leite sozinha. Não precisa mais que eu o prepare". O problema era a motivação dela, que fazia o leite da filha com culpa, principalmente quando tinha passado quase o dia todo fora de casa. Magali decidiu que, a partir daquele dia, se a filha quisesse seu leite, teria de fazê-lo. E comunicou:

— Minha filha, hoje eu não poderei fazer o seu leite porque estou ocupada com algo muito importante. Faça você mesma.

— Ah, mãe, eu não acredito! Justo hoje que estou com tanto sono. Não precisa mais preparar meu leite. Não quero mais — resmungou a filha.

— Então vai ficar sem o seu leite. E digo mais: a partir de hoje, quando quiser, você é quem vai fazê-lo. Afinal, uma garota com quase nove anos, que está na terceira série, já é capaz de fazer o próprio leite. Você não acha?

— É claro que eu sei fazer! Quem não sabe fazer um copo de leite com chocolate? Pode deixar que eu faço — e pôs-se a preparar a bebida.

Jessica continuou a fazer seu leite com chocolate, é claro que não todas as noites como antes... Mas havia alguns dias que o coração materno sentia vontade de estar mais próximo da filha. Então, espontaneamente, Magali preparava duas xícaras de leite com chocolate e dizia:

— Filha, você já terminou seu dever de casa? Quer tomar um chocolate comigo?

— Ah, mãe, quero sim! Você fez para mim?

— Sim, para nós! Então, como foi o seu dia? Quais são as novidades?

Sem pressão, sem culpa, mas com boa motivação e com os limites definidos, mãe e filha desfrutavam de momentos agradáveis.

Se na maior parte das vezes sua motivação não tem sido positiva ao realizar algo para alguém que você ama, procure superar isso. Examine seus sentimentos e tente comunicá-los. É preciso fazer sua parte. O problema não é tentar mudar e não dar certo, mas deixar de tentar mudar. Quando não se faz o teste da motivação, não se produz resultado algum. Recuar por passividade é intolerável.

Sugerimos aqui um exercício para o exame de sua motivação por meio do questionário a seguir:

1. Qual tem sido sua motivação ao dizer sim? Na maior parte do tempo, tem sido por uma ação voluntária ou como uma carga pesada?
2. Sua motivação é apenas o medo de não magoar o outro? De perder a pessoa amada? De ficar só? De não querer que o outro se zangue? Por culpa ou por buscar a aprovação do outro?
3. O que pode fazer para mudar isso?

Nossa verdadeira motivação deve ser a alegria, a solidariedade, o amor, o afeto, a gratidão ou outro aspecto positivo que nos impulsione a fazer algo. Isso é o que caracteriza um relacionamento equilibrado, em que os limites são respeitados e há prazer em se estar junto.

Lei nº 5: a lei da exposição

É preciso comunicar seus limites.

O relacionamento entre duas pessoas que se amam, desde os primeiros níveis de compromisso, implica certo tipo de pacto secreto. Nas interações do dia a dia, cada um vai mostrando do que gosta, seu jeito de ser, e, de maneira implícita ou explícita, surgem as normas e regras de convivência. Porém, existem desejos, necessidades e expectativas que são subjetivas e veladas. Às vezes, não conseguimos comunicá-las adequadamente e ultrapassamos os limites. Invadimos o outro ou nos sentimos invadidos. Surgem os conflitos e as tensões na relação, pois não nos comunicamos corretamente. Deixamos apenas implícito, mas cobramos de forma explícita.

Ter certeza sobre os próprios limites e deixá-los em evidência para todas as pessoas com as quais você se relaciona é um sinal de respeito com a sua vida e com a dos outros. É necessário encontrar uma maneira equilibrada de fazer isso. É melhor dizer um sincero não do que ser passivo e usar o silêncio. Ficar ressentido, em vez de expressar seus sentimentos, mágoas e críticas, muitas vezes deixa você ferido. Ao comunicar adequadamente quanto o comportamento do outro o afeta, você estará ajudando a alma dele e adquirindo mais intimidade.

Por exemplo, quando seu cônjuge está sempre de mau humor em casa, com uma fisionomia rancorosa, provavelmente ele está agindo da mesma maneira no trabalho. Se você sinalizar corretamente sua percepção sobre isso, ele terá a possibilidade de mudar de atitude, melhorando o jeito de se comunicar tanto com familiares quanto com os colegas de trabalho.

A comunicação deve ser contínua. Somos pessoas em constante transformação, pois aprendemos coisas novas todos os dias. Nossos sentimentos, desejos e expectativas mudam. Assim, é necessário reprogramar, corrigir regras, normas e limites, de acordo com o momento em que estamos vivendo no relacionamento. Precisamos dispor-nos a conversar sobre nossas próprias ideias e as do outro; sobre nós mesmos e sobre a relação a dois.

Em um relacionamento coeso e estável, a informação caminha de forma bilateral, como em uma rua de mão dupla. Há uma troca. Um fala, outro escuta, oferece sua opinião; depois, negociam e chegam a um acordo. Simples assim, como nos ensina Tiago: "Estejam todos prontos para ouvir, mas não se apressem em falar nem em se irar" (Tg 1.19).

Avalie como você tem comunicado seus limites:

1. Acontece de maneira clara e eficiente?
   ( ) Sim ( ) Não

2. Você minimiza, altera ou nega o que sente?
   ( ) Sim ( ) Não

3. Faz exigências sem pensar muito bem em suas palavras, chegando a ferir o outro?
   ( ) Sim ( ) Não

4. Em que áreas você precisa ser mais objetivo quanto a seus limites:
   ( ) Seu corpo   ( ) Seu espaço físico
   ( ) Seus sentimentos   ( ) Suas expectativas
   ( ) Suas necessidades   ( ) Suas responsabilidades
   ( ) Seu descanso   ( ) Seu lazer

Não espere que o outro tome a iniciativa. Se um dos parceiros é mais ativo e falante, o mais passivo e calado ficará em desvantagem. Se um dos membros do relacionamento não se comunica bem, todo o funcionamento do casamento é alterado. A luta para uma boa comunicação, na verdade, é uma parceria. Todos são corresponsáveis pela construção de um relacionamento mais aberto, com mais leveza e vínculos menos conflituosos.

O QUE NÃO É "LIMITE"

Definitivamente, limite não é vingar uma ofensa com outra maior, nem trazer à tona o que ficou para trás. Nem é o momento de exigir do outro, de uma só vez, o que por tantos anos você não expressou. Colocar limite é ter alteridade, isto é, capacidade de entender o lugar do outro. É considerar as limitações humanas. É muito provável que, quando o outro agiu de modo que magoou você, não o fez pensando em prejudicá-lo. Mas, se o feriu, ele merece uma oportunidade de reparar o erro.

Limite não é para o outro. É para você. Quando pensamos em impor limites, logo vem em nosso pensamento: "Vou exigir que faça isso ou aquilo". Na verdade, as regras e normas que você impõe são para você mesmo. É você quem muda o comportamento e a maneira de agir diante de uma situação que considera desagradável. Por exemplo:

> Antes do limite: "Pare de gritar comigo. Você precisa ser mais amável!".
> Depois do limite: "Você pode continuar a gritar se quiser. Mas eu decido não ficar na sua presença enquanto você agir assim. Depois que se acalmar estarei pronto para conversar sobre esse assunto".

Limite também não é frustrar os desejos do outro. É dizer não aos atos destrutivos de seu comportamento. Todos nós temos desejos e vontades. Alguns deles coincidem com os desejos do parceiro, outros se opõem. Ao estabelecer limites, precisamos fazê-lo com o cuidado de não frustrar ou boicotar o outro. Nesses momentos, precisamos ter empatia, compreensão e entender a importância do que a pessoa quer. A vontade alheia é tão legítima e justa quanto a sua. O apóstolo Paulo nos dá um bom conselho a esse respeito: "Não sejam egoístas, nem tentem impressionar ninguém. Sejam humildes e considerem os outros mais importantes que vocês. Não procurem apenas os próprios interesses, mas preocupem-se também com os interesses alheios" (Fp 2.3-4).

Lidar com os limites em nossa vida é um desafio. Se quisermos que respeitem os nossos limites, devemos primeiro respeitar os dos outros. No começo, não é fácil. Uma pessoa condescendente terá de tomar iniciativa e agir com firmeza em seus princípios. Se for mais intransigente, terá de ceder ao pedido de alguém. Isso leva tempo, pois é um processo. Os benefícios e ganhos com a aplicação de limites saudáveis no relacionamento serão multiplicados, se cada um fizer a sua parte. A liberdade e o amadurecimento obtidos com a prática das leis dos limites fortalecerão vigorosamente a convivência. Vale a pena tentar!

5

APRENDA A SE DEFENDER DOS ATAQUES VERBAIS

Muitas vezes, basta uma palavra atravessada dita sem pensar ou uma brincadeira desagradável para deflagrar um comportamento agressivo e destrutivo. Isso pode acontecer no trânsito, no balcão de uma loja, no ambiente de trabalho, na sala de aula, em casa entre cônjuges, irmãos, pais e filhos ou outros familiares. Até mesmo nos relacionamentos mais estáveis, há momentos em que alguém perde a cabeça, fala o que não deve, explode, xinga, faz críticas duras e sai de seu estado normal. Na verdade, essas situações deveriam ser exceções rapidamente contornadas.

No decorrer deste livro, fornecemos várias dicas para que as brigas sejam minimizadas, mas veja esta orientação que Jesus dá a seus discípulos em Lucas: "Portanto, tenham cuidado! Se um irmão pecar, repreenda-o e, se ele se arrepender, perdoe-o" (Lc 17.3). Dessa maneira, os discípulos de Cristo são conclamados a promover a paz e fazer "todo o possível para viver em paz com todos" (Rm 12.18).

Às vezes, enfrentar um ataque verbal dói tanto ou até mais que uma agressão física. As pessoas mais extrovertidas colocam sua indignação para fora com mais facilidade. Contra-atacam e deixam que o outro perceba logo que não gostaram do que foi falado. Por outro lado, os mais introvertidos, tímidos ou passivos não conseguem responder e engolem sua raiva. Internalizar ou revidar: nenhuma dessas reações é saudável. No livro de Provérbios, encontramos vários conselhos para não reagir às agressões e evitar contendas. Quem consegue lidar com ataques verbais é considerado sensato e sábio.

> Evitar contendas é sinal de honra;
> apenas o insensato insiste em brigar.
>
> Provérbios 20.3

> O tolo mostra toda a sua ira,
> mas o sábio a controla em silêncio.
>
> Provérbios 29.11

COMO TUDO ACONTECE

Ao ouvirmos ofensas, grosserias, ironias ou piadas de mau gosto a nosso respeito, é comum nos irritarmos. Dependendo da situação, isso pode até estragar nosso dia. Quando nos defrontamos com uma situação assim, somos submetidos a uma pressão. Ficamos agitados e dificilmente temos reações muito calmas e sensatas. A obrigação de responder o mais rápido possível nos bloqueia.

Essa situação gera estresse. Então, ocorre um processo fisiológico em nosso corpo. O cérebro entra em estado de alerta, neurotransmissores químicos desencadeiam um impulso de luta ou fuga. Nossa musculatura enrijece a fim de que estejamos preparados para enfrentar o perigo ou correr dele. Ao mesmo tempo, as demais funções corporais se reduzem ao mínimo, inclusive nossos reflexos, bem como nossa capacidade de pensar e criar novas saídas; dá aquele "branco". Nos segundos em que estamos bloqueados, acontecem as tais ações impensadas, carregadas de sentimentos que são verdadeiras bombas verbais. Mais tarde, quando os ânimos se acalmam, sobrevêm o arrependimento, o mal-estar e as dificuldades de comunicação no relacionamento.

AUTODEFESA SEM VIOLÊNCIA

A boa notícia é que podemos lidar com esse estresse e controlar as emoções de maneira muito simples: aplicando a exortação bíblica "não se apressem [...] em se irar" (Tg 1.19), um modo de neutralizar o ataque do agressor e restabelecer a paz.

Algumas das técnicas aqui apresentadas foram adaptadas das sugestões da pedagoga e escritora alemã Barbara Berckhan, que em seu livro *Como se defender de ataques verbais*[1] fornece dicas para serem aplicadas quando você é afetado pelo mau humor ou pela irritação alheia.

1. O escudo protetor imaginário

Em sua carta à igreja de Éfeso, Paulo nos diz: "Portanto, vistam toda a armadura de Deus, para que possam resistir ao inimigo no tempo do mal. Então, depois da batalha, vocês continuarão de pé e firmes" (Ef 6.13). Nos versículos anteriores, ele nos revelou que essa armadura também nos ajuda a combater as ciladas do diabo, pois nossa luta tem sua parcela espiritual. Assim como precisamos nos revestir da armadura de Deus para enfrentar o mundo espiritual, é importante ter um "escudo protetor" para enfrentar os ataques que sofremos na carne. É como uma defesa antichoque para nos ajudar com a pressão fisiológica natural, que acontece quando ouvimos palavras estressantes.

Precisamos esfriar a cabeça para responder com sensatez, como nos revela Provérbios 13.16: "O sábio pensa antes de agir; os tolos se gabam de sua insensatez". Você já ouviu o velho ditado "Conte até dez antes de responder"? Isso mesmo, mas agora é científico. Pesquisas da neurociência cognitiva, que estuda os mecanismos do cérebro e a produção da linguagem, indicam que quando somos expostos à pressão, temos um sobressalto que corta a respiração. Trata-se de um ato involuntário: o cérebro precisa de oxigênio para agir e deixar o pensamento fluir. Portanto, o primeiro passo é encher os pulmões de ar. Inspirar e expirar fundo, a fim de obter oxigênio suficiente para o cérebro. Esse é o caminho mais curto para lidar com um comportamento estressante: *alterar o ritmo da respiração*. Com isso, automaticamente você modificará a postura física, haverá lugar para novos pensamentos e, como resultado, novas atitudes e comportamentos serão liberados de maneira rica e inteligente.

Ao ficar sob pressão e perceber que precisa respirar fundo, você evita, assim, fazer alguma tolice; use esse tempo para se posicionar atrás de um escudo imaginário. Você já viu na televisão a imagem daqueles policiais com escudo, que num jogo de futebol protegem a entrada e a saída dos juízes da partida? Quando a torcida está revoltada com uma decisão do árbitro contra seu time, os soldados protegem os juízes utilizando aqueles escudos. Qualquer objeto que seja jogado contra eles baterá no escudo e cairá no chão. Da mesma maneira, quando somos atingidos com palavras e manifestações iradas ou mal-intencionadas, podemos respirar fundo e desfrutar desse escudo imaginário transparente — você vê os agressores, mas as palavras deles não atingirão o objetivo: desestabilizar você.

2. Responder com gestos pacificadores

A provocação, se não for interrompida, promove discussões. Você pode comunicar o que está sentindo por meio de seu tom de voz, suas ações, sua expressão facial, seus gestos e sua linguagem corporal. O impacto de um gesto pode ajudar a distrair e desconcentrar o agressor e o afastará da intenção instintiva de continuar a provocá-lo. Você, por sua vez, ao responder ao ataque usando um gesto pacificador, terá tempo de lidar com sua indignação e respirar fundo, cuidando para não aumentar seu tom de voz e não responder com a mesma intensidade que ele. Com isso, não dará vitória ao agressor, nem suscitará sua ira. "A resposta gentil desvia o furor, mas a palavra ríspida desperta a ira" (Pv 15.1).

Berckhan sugere gestos como: acenar amavelmente com a cabeça, observar com ar de curiosidade, pegar papel e caneta, agindo como quem está anotando o comentário que a pessoa está fazendo, etc. São ações que dão condições de você se acalmar sem revidar e que desviam a atenção do agressor.

3. Mudar de assunto ou trocar o tema da conversa

Parte dos comentários que as pessoas nos dirigem e acabam por nos magoar são observações imprudentes, equivocadas e às vezes sem más intenções. É possível se desviar desse tipo de ataque sem muito esforço ou gasto de energia. Simplesmente mude de assunto. Trate de outra coisa que não tenha a ver com aquela observação.

Você surpreenderá o ofensor e distrairá sua atenção até que lhe venham à mente os recursos necessários para uma resposta mais branda e inteligente. Assim, você não permitirá que continue com o processo natural, que é o da agressão verbal, e o controle da conversa estará com você. Pode recorrer a um assunto que esteja sendo comentado na mídia ou no qual você esteja pensando nos últimos tempos. Se possível, que tenha alguma relação com o que foi falado. Esse recurso denomina-se *estratégia de ligação*, e é usado para substituir o elemento do problema por outro assunto relacionado.

Você pode estar pensando: "Essa estratégia não é tão simples assim. No mínimo, meu cônjuge vai pensar que estou enlouquecendo, falando coisas desconexas". Para que você possa ter um melhor entendimento dessa estratégia, utilizaremos alguns exemplos práticos de ataques e suas respectivas respostas, que, obviamente, podem (e devem) ser adaptadas para o seu dia a dia.

Exemplo 1:

- Ataque: "Mas que erro grosseiro! Por que você não usa a cabeça para fazer as contas?".
- Resposta: "Por falar em contas, lembrei que tenho de pagar a conta de luz, senão vão desligá-la".

Exemplo 2:

- Ataque: "Você está horrível! Não tem vergonha de sair assim na rua?".
- Resposta: "Ah, falando em rua, ouvi hoje no rádio que irão tapar os buracos das ruas aqui do bairro".

Exemplo 3:

- Ataque: "O que está acontecendo com você? Parece que anda com a cabeça nas nuvens".
- Resposta: "Sabe, estive olhando as nuvens lá fora e acho que vai chover... Você trouxe guarda-chuva?".

4. Comentário de uma ou duas sílabas

Há pessoas que diante de um confronto ficam inertes e mudas, não conseguem nem respirar. Em determinadas situações, bastam algumas poucas "sílabas" para desconcentrar o opositor e retomar a ideia do que está acontecendo, sem dar uma resposta ofensiva. Com poucas palavras, você desmonta um comentário infeliz e mostra que não quer discutir. Atenção: tome o cuidado de não ser irônico. As expressões que podem ser usadas são: "É mesmo?", "Que coisa...", "Que pena!", "Verdade?", "Sei, sei...", "Não diga!", "Hã, hã", "Você acha?", entre outras.

Exemplo 1:

- Ataque: "Você está fazendo um papel ridículo".
- Resposta: "Compreendo".

Exemplo 2:

- Ataque: "Parece que você comprou seu vestido em um brechó!".
- Resposta: "Que interessante!".

Exemplo 3:

- Ataque: "Puxa vida, o que você fez com o seu cabelo? Passou um xampu de laranja? Está só o bagaço".
- Resposta: "É mesmo?".

5. *Provérbios e citações*

Não entrar em uma discussão e manter o controle são desafios. O agressor sempre tem em mente um objetivo, mesmo que não se dê conta disso. O ataque precisa ter um efeito sobre sua vítima. Normalmente, ele se sente satisfeito porque sua presa vai reagir de modo previsível: fugir ou atacar, ficar muda ou esbravejar. Surpreenda-o: não caia na conversa dele, não seja óbvio. Ele ficará desconcertado e frustrado em suas expectativas. Não saberá o que fazer. Essa é uma ferramenta para que você e o interlocutor tenham tempo suficiente para "acalmar os ânimos".

Trata-se de uma técnica de comunicação: quando ouvimos alguma coisa, nosso cérebro busca o significado, o sentido do que ouvimos. Nossa mente procura automaticamente o sentido das palavras para entender o enunciado. Portanto, quando alguém atacar você e em seguida você responder, por exemplo, com um provérbio, ele buscará sentido para aquilo.

O agressor não vai entender nada, porque ele espera aquela reação mais previsível ou algo mais coerente. Enquanto o cérebro dele se movimenta para entender o que foi dito, você se acalma e usa a imaginação para dar uma resposta criativa, porque ele provavelmente perguntará: "O que você quis dizer com isso? Não entendi nada". Você pode dizer assim: "Esquece, não se preocupe! Foi só uma frase que eu lembrei". Ou então responda com outro dito: "Eu quis dizer que nem tudo que reluz é ouro!". Nesse momento, o melhor a fazer é pedir licença, sair de cena ou mudar de assunto. O importante é neutralizar o agressor e manter a calma do ambiente. Assim você mostra que não está a fim de brigar.

Exemplo 1:

- Ataque: "O que está acontecendo com você? A comida está horrível! Aliás, você deveria aprender a cozinhar com a minha mãe!".
- Resposta: "Como dizia minha avó: 'Mais vale um pássaro na mão do que dois voando'".
- Ataque: "Espera aí, não entendi nada do que você disse! Você só complica as coisas!".
- Resposta: "Não se preocupe. Deus ajuda quem cedo madruga".

Exemplo 2:

- Ataque: "Você fala demais! Parece que só está querendo aparecer!".
- Resposta: "Já dizia o meu professor de português: 'À noite todos os gatos são pardos'".

Outros exemplos de ditados:

- Água mole em pedra dura, tanto bate até que fura.
- É melhor prevenir do que remediar.
- Uma andorinha só não faz verão.
- Os últimos serão os primeiros.
- Gato escaldado tem medo de água fria.

6. Questionar o significado da palavra

Algumas vezes ouvimos críticas ofensivas e pouco construtivas. Quem faz um comentário atacando outra pessoa, em muitos casos, está fazendo uma projeção, falando sobre algo de que não gosta *em si mesmo*. Nessa hora, o agressor fala sem pensar e faz comentários espontâneos, sem o menor escrúpulo. Uma possibilidade de lidar com essa situação é usar uma réplica, questionando o significado da palavra ou expressão.

Na Grécia antiga, o filósofo Sócrates utilizava esse recurso — "a arte de perguntar" — com seus discípulos, a fim de persuadi-los a gerar mudanças em seus pensamentos. Um padrão utilizado pelo filósofo para estabelecer sintonia com o ouvinte era o de *aceitar definições e conceitos*, não indo contra as crenças do interlocutor. Isso era feito com pelo menos os seguintes itens:

- Repetir, em parte, o que o interlocutor dizia.
- Demonstrar o desejo e a importância de conhecer a opinião de quem fala com você.
- Procurar saber o que a outra pessoa queria dizer exatamente com o termo que utilizava.
- Demonstrar que entendeu o ponto de vista do interlocutor.

Quando você ouvir algo que soe como uma crítica, questione. Dê uma oportunidade para que o outro explique o que está querendo dizer. Não se defenda, simplesmente aja como se não entendesse o que ele disse. Assim, enquanto o agressor responde a sua pergunta, você ganha tempo para colocar suas emoções no lugar e refletir sobre como agir. Caso contrário, você poderia responder à crítica com outra ofensa e dar início a um conflito.

Exemplo 1:

- Ataque: "Nossa, foi muito ridículo isso que você fez".
- Resposta: "Você pode me explicar melhor o que significa para você 'muito ridículo'?".

Exemplo 2:

- Ataque: "Seu aproveitamento está abaixo de zero".
- Resposta: "Ajude a melhorar o meu desempenho: o que significa para você a expressão 'abaixo de zero'?".

Exemplo 3:

- Ataque: "Você parece uma criança agindo assim".
- Resposta: "Defina para mim este conceito: 'parece uma criança'".

7. Ceder e insistir

Em certas ocasiões deparamos (ou convivemos) com pessoas de temperamento muito colérico. São os chamados "pavios curtos". Essas pessoas, em determinados momentos de uma conversa ou situação, não conseguem discutir pontos de vista diferentes. Então, o que fazer? Há uma técnica, sugerida por Berckhan, que se baseia em lutas orientais: derrotar o adversário mediante a conciliação. O ataque não é correspondido, mas acolhido. Assim, o agressor perde o equilíbrio e cai. Em um ataque verbal é possível agir da mesma maneira. Em vez de responder na mesma intensidade, permanece-se calmo e, de início, concorda-se com a fala do agressor. Para isso, são utilizadas duas frases: a primeira serve para confirmar o ponto de vista do agressor, e a segunda, para defender seu ponto de vista. Você cede em parte e se mantém firme na defesa de sua ideia.

Exemplo 1:

- Ataque: "Não sei por que você demora tanto para resolver um problema tão simples! Use o cérebro como as pessoas normais, diga sim e pronto!".
- Resposta 1: "Concordo com você. Às vezes eu demoro para tomar minhas decisões. Mas considero que para esse assunto é necessário um pouco mais de tempo para decidir. Hoje à noite eu lhe darei uma resposta".
- Resposta 2: "Eu sei que você gostaria da minha posição agora, mas preciso de um tempo maior para refletir sobre isso".
- Resposta 3: "Se eu estivesse no seu lugar, talvez agiria da mesma maneira, mas compreenda que preciso pensar melhor sobre esse assunto".
- Resposta 4: "Compreendo o que está dizendo; até a noite terei um tempo para pensar melhor e decidir sobre o assunto".
- Resposta 5: "Entendo a sua postura, mas preciso de mais um tempo para pensar".

Essa estratégia abre a possibilidade de o oponente perceber que existem outras maneiras de resolver a questão, e não apenas a dele. A partir do momento que você acena que aceita *em parte* a opinião dele, haverá menos resistência para que ele ouça a sua.

Lembre-se: essa é só uma tentativa de conciliação. Há pessoas tão cabeças-duras com quem, mesmo usando esses argumentos, não se chega a um acordo. Mas pelo menos você tentou e, além disso, conseguiu expressar a sua opinião também.

8. *Defina as regras do jogo*

Há assuntos para os quais há necessidade de se chegar a uma conclusão e ter uma posição definida, como questões sobre educação dos filhos, finanças da casa, uma viagem, compra de um bem. Porém, a pessoa com quem você vai falar tem dificuldade de manter uma conversa equilibrada, sem se exaltar. Quando isso acontece, é necessário esclarecer e fornecer as regras de como será o procedimento da conversa. Agindo assim, poderá evitar conflitos e amenizar discussões mais acaloradas. É preciso estabelecer contato visual e ser cordial, sem se fazer de vítima. Se você se sentir inseguro internamente, não demonstre. Não se encolha, mantenha-se ereto e fale exatamente o que quer. Use frases curtas, simples e objetivas. Eis alguns exemplos de frases que podem ser usadas:

- "Vamos fazer assim: você vai expor seu ponto de vista e eu vou ouvir, sem interromper. Depois eu vou falar e você vai ouvir, sem me interromper."
- "Não vamos nos desviar do tema da conversa. Deixe-me concluir, depois você irá falar."
- "Gostaria de discutir esse ponto com mais tranquilidade. Por favor, peço que você se acalme e depois conversamos."
- "Por favor, sejamos objetivos. Podemos chegar a um acordo?"

- "É a segunda vez que você me interrompe. Quero terminar de expor meu ponto de vista e depois ouvir o seu. Podemos fazer dessa maneira?"
- "Vamos manter o foco da conversa no problema, sem atacar um ao outro. Comentários pessoais não ajudam a resolver a questão."

EXAMINE A SI MESMO

Quando o relacionamento chegou ao nível das agressões verbais, é sinal de que algo não vai bem. Se esse é o caso, essas dicas serão apenas paliativas para conter uma ira momentânea e será necessário buscar a causa do problema para uma resolução definitiva. Perceba que você não pode corrigir no outro o que está errado *em você*. O primeiro passo é um *exame de consciência*. Essa autoavaliação é uma atitude semelhante à sugerida por Paulo àqueles que querem participar da Ceia do Senhor: "Portanto, examinem-se" (1Co 11.28).

Para ajudá-lo na tarefa da autoavaliação, sugerimos alguns questionamentos relevantes a serem observados. Trata-se simplesmente de perguntas que você pode fazer a si mesmo, seja em silêncio, seja em frente a um espelho:

- Dei motivo suficiente para receber esse tipo de tratamento que estou sofrendo?
- Tenho respondido em tom hostil?
- Usei de ironia ou sarcasmo?
- Disparo "indiretas" em vez de tratar claramente do assunto?
- Tento impor meu ponto de vista a qualquer custo?
- Utilizo o silêncio como arma para castigar o outro?

Algumas vezes, só de deixar a mente livre um pouco, fora da discussão, já enxergamos nossos erros. Mas nem sempre é tão fácil assim. Apontar o problema do outro é bem mais simples. Você pode contar com o próprio Deus para ajudá-lo a perceber suas dificuldades. Lembre-se da oração de Davi: "Põe-me à prova, SENHOR, e examina-me; investiga meu coração e minha mente" (Sl 26.2).

Ter o conhecimento dessas dicas ajuda muito, mas não resolve o problema. É preciso sabedoria para aplicá-las na hora certa e do jeito certo. Cuidar de sua parte no conflito já é metade da solução. Você precisa de uma dose extraforte de sabedoria para lidar com as pessoas à sua volta? "Peça-a nosso Deus generoso, e receberá. Ele não os repreenderá por pedirem" (Tg 1.5).

6
PROTEJA-SE DAS ARMADILHAS DO DIA A DIA

Certa vez, fomos preletores em um encontro de casais promovido por uma igreja, em um hotel de uma bela cidade turística. Um dos casais presentes nos chamou a atenção de forma especial: eles iriam completar 55 anos de casados e pareciam muito felizes por estarem naquele evento. Aparentavam mais de oitenta anos, mas mostravam boa saúde e espelhavam isso também em seu relacionamento conjugal. Perguntamos a eles enquanto jantávamos juntos:

— Estão gostando das palestras?

— Sim! Especialmente aquela sobre como melhorar a relação sexual! — respondeu a senhora toda animada. O marido entrou na conversa dizendo:

— Essa palestra foi muito esclarecedora. Pena que não tivemos essas orientações antes, não é, minha querida?

— Ora, meu velho, não seja por isso! A gente dá um jeitinho... Existem diferentes maneiras de se amar. Você acabou de ouvir isso na palestra!

Todos nós caímos na risada e ainda perguntamos:

— Qual é o segredo de vocês para estarem há tanto tempo juntos e ainda conservarem esse brilho no olhar, essa felicidade?

— Algo que sempre gostamos de fazer, desde que começamos a namorar, é conversar — respondeu a esposa. — Por isso vivemos os bons e maus momentos, mas sempre enfrentando tudo com muito diálogo!

O marido, olhando carinhosamente para o rosto de sua esposa, que embora marcado com as linhas de expressão próprias do tempo refletia a felicidade de um bom casamento, continuou:

— Temos muitas histórias para contar, momentos felizes, engraçados, apaixonados. Outros de lutas, desafios e tristezas, mas sempre houve respeito, amor e carinho. Sempre cuidamos para não abrir brechas em nosso relacionamento e não cair em ciladas que abalassem nossa união.

Alcançar um casamento saudável e de longa duração não é uma meta fácil de atingir. Porém, se observarmos certos princípios de relacionamento, torna-se um alvo com boas possibilidades de sucesso. A esmagadora maioria das pessoas se casa pensando em construir um lar feliz e equilibrado, servindo como bons exemplos para os filhos que vierem a ter. A realidade, no entanto, é que infelizmente muitos casamentos fracassam porque os cônjuges caem em algumas armadilhas cotidianas que poderiam ser evitadas seguindo alguns princípios que apresentaremos agora.

ONDE ESTÃO ESSAS ARMADILHAS?

Podemos identificar essas ciladas em situações comuns em nossa vida, em áreas essenciais ao casamento. São o que podemos chamar de "sabotadores de uniões", como naqueles filmes de ação, quando vemos um espião colocando uma bomba-relógio amarrada ao pilar de uma ponte para destruí-la. Mas quais serão essas áreas vitais do matrimônio que devem ser protegidas a qualquer custo?

Em seu livro *Sete princípios para o casamento dar certo*, o psicólogo John Gottman[1] relata como durante dezesseis anos conduziu uma das pesquisas mais inovadoras até então sobre casamento e divórcio, utilizando-se da estrutura da Universidade de Washington. Nessa pesquisa, casais voluntários eram selecionados para passar um fim de semana em uma "casa monitorada" (como no programa de televisão *Big Brother Brasil*). Todas as reações e conversas foram filmadas, e os cônjuges passavam até por monitoramento de pressão e temperatura do corpo. Durante esse período, mais de setecentos casais foram avaliados, e a conclusão de Gottman foi de que a *amizade* é o fator comum aos casamentos que deram certo e não terminaram em divórcio. Esses dados comprovaram cientificamente a importância da amizade dentro do casamento.

Eu, Sergio, cruzei os dados do livro de Gottman com outras pesquisas sobre casamentos saudáveis e de longa duração para um trabalho de conclusão de curso em minha pós-graduação em aconselhamento. Encontrei mais quatro pesquisas citadas na revista *Estudos de psicologia*.[2] O cruzamento das qualidades mencionadas nessas avaliações revelou áreas comuns encontradas nas uniões felizes e duráveis. São elas:

- Amizade
- Respeito
- Boa comunicação
- Chamas do romance
- Prazer em estar junto
- Valores comuns
- Boa resolução de conflitos

Assim, vamos esmiuçar cada uma dessas áreas vitais do casamento. Esse estudo será complementado por uma análise das passagens bíblicas que tratam diretamente do assunto, pela identificação das armadilhas que mais comumente conduzem a uma situação problemática, e, finalmente, por algumas sugestões de como encontrar a atitude certa a se tomar dada uma situação.

AMIZADE

As cinco pesquisas acima mencionadas trouxeram outras palavras que integram o conceito de *amizade*, como: conhecimento íntimo, segurança e confiança. Casais que acabaram de se conhecer, ao se sentirem atraídos um pelo outro, dão o próximo passo em seu compromisso justamente por perceberem no outro traços de amizade que poderão crescer cada vez mais. O aprofundamento dessa área parece ser uma das principais razões para a decisão de "casar ou não" com determinada pessoa. Após o casamento, no entanto, alguns cônjuges sofrem um relaxamento gradativo quanto à amizade, e isso pode dar origem a problemas ou acentuar os já existentes. A base para um casamento saudável, segundo Gottman, é a amizade em lugar da briga constante:

> Os casamentos felizes se baseiam numa profunda amizade. Isso significa respeito mútuo e prazer na companhia um do outro. Esses casais, em geral, se conhecem intimamente — são versados em mútuas preferências, aversões, peculiaridades pessoais, esperanças e sonhos. Tem permanente consideração um pelo outro e expressam afeição não apenas de forma notória, mas de forma sutil, nas pequenas coisas do dia a dia. [...] A amizade

alimenta as chamas do romance porque oferece a melhor proteção contra a sensação de serem adversários um do outro.³

O que a Bíblia diz sobre o assunto

As Escrituras estão repletas de exemplos sobre boas amizades, como Abraão, que foi chamado de amigo de Deus: "'Abraão creu em Deus, e assim foi considerado justo'. Ele até foi chamado amigo de Deus!" (Tg 2.23). O rei Davi foi companheiro de armas e grande amigo de Jônatas: "E Jônatas fez Davi reafirmar seu juramento de amizade, pois Jônatas o amava como a si mesmo" (1Sm 20.17). Os irmãos Marta, Maria e Lázaro eram amigos de Jesus: "Jesus amava Marta, Maria e Lázaro. [...] E acrescentou: 'Nosso amigo Lázaro adormeceu, mas agora vou despertá-lo'" (Jo 11.5,11), entre tantos outros exemplos.

O livro de Provérbios, em boa parte escrito pelo rei Salomão, um dos maiores sábios de todos os tempos, tem ditados maravilhosos como:

O amigo é sempre leal,
    e um irmão nasce na hora da dificuldade.

Provérbios 17.17

Os amigos verdadeiros conhecem nossos bons e maus momentos. Podem discordar de algumas atitudes que tomamos, mas procuram nos alertar sobre o erro. Esse amigo tem um valor todo especial quando é o próprio cônjuge. São especiais, pois decidiram construir uma vida em sociedade conosco, com base em um amor forte e verdadeiro. Algumas pessoas, por serem inseguras, desvalorizam os conselhos do "amigo cônjuge", fechando seus ouvidos àquele que mais os conhece.

> Quem tem muitos amigos pode cair em desgraça;
> mas há amigo mais chegado que um irmão.
>
> Provérbios 18.24, NAA

A *quantidade* de amigos não garante a *qualidade* da amizade. Boa parte dos "amigos" que está ao nosso lado o faz apenas enquanto tudo vai bem. Aquele "amigo mais chegado que um irmão" anda em falta nos dias de hoje. Esses são poucos, mas maravilhosamente necessários: sabem mais sobre nós que um irmão de sangue. É uma bênção muito grande quando o próprio cônjuge é um amigo desse tipo, o melhor amigo.

> Como o ferro afia o ferro,
> assim um amigo afia o outro.
>
> Provérbios 27.17

Essa imagem é muito boa! Para afiar um instrumento de ferro se usa outro ferro. Já naquela época, raspavam um no outro, saíam faíscas, esquentavam, mas o produto era bom: tornavam o instrumento mais afiado ou cortante. Amigos "mais chegados" são assim: muitas vezes "raspam" até saírem faíscas. Discutem, têm divergências e ficam com os ânimos exaltados, mas, quando a situação volta ao normal e as ideias se tornam mais claras, encontram o caminho do bom senso.

> As feridas feitas por um amigo sincero
> são melhores que os beijos de um inimigo
>
> Provérbios 27.6

Verdadeiros amigos não tratam apenas do que *queremos* ouvir ou do que nos é mais agradável. Tratam do que *precisamos* escutar para mudar caminhos errados. Nem sempre são exortações fáceis de assimilar, mas quem realmente nos ama deseja o nosso melhor e nunca o nosso desastre. Não raro, sofremos de uma cegueira momentânea para certas coisas que acontecem ao nosso redor; o verdadeiro amigo olha como quem está de fora do problema e procura naturalmente nos alertar sobre o perigo para que voltemos à sensatez.

Algumas armadilhas comuns

1ª armadilha: esfriamento da amizade

Aquele casal que desde o começo do namoro não se desgrudava, amava sair junto, visitar lugares e amigos, agora, depois de alguns anos de casamento, começa a ser "engolido" pela falta de tempo. A vida profissional dos dois começa a apresentar mais exigências, e os momentos juntos se tornam cada vez mais raros.

Existe acomodação diante desse problema, e como consequência dessa inversão de prioridades os colegas de trabalho são supervalorizados e logo se transformam em grandes amigos, os quais, nem sempre, são confiáveis e verdadeiros.

Essas pessoas só percebem o mal que estão fazendo depois de muitas lágrimas derramadas pelo cônjuge ou após a instável situação do casal afetar diretamente o comportamento dos filhos na escola ou resultar em um comportamento destrutivo por parte dos filhos adolescentes. O distanciamento é gradativo, mas se não for interrompido trará efeitos maléficos no lar.

2ª armadilha: indiferença

Essa armadilha é uma das consequências do esfriamento da amizade do casal. Aquele afastamento se ampliou, as conversas se tornaram mais raras. Diante de tantos casamentos destruídos em razão dessa armadilha, podemos concluir que o contrário do amor não é o ódio, mas a *indiferença*. Perceba que, enquanto há uma reação explosiva, o cônjuge mostra que está sendo afetado pela atitude do outro; então, ainda pode existir algum amor dentro desse ódio todo. Mas quando a palavra de ordem é "tanto faz" se o outro age desta ou daquela maneira, aí a situação é grave. A falta de reação, de indignação, de motivação para lutar por um futuro melhor, pode indicar que essa armadilha já os capturou.

3ª armadilha: não ter no cônjuge o melhor amigo

Acompanhe a sequência de destruição: após deixar de ter tempo para o cônjuge, valorizam-se outras coisas ou pessoas, muito mais que sua amizade; cresce a indiferença no relacionamento; cria-se então uma lacuna que leva à procura de outro que a ocupe. O caminho está aberto para um grande perigo: a infidelidade conjugal.

Veja bem, podemos ter bons amigos ou amigas que não sejam o cônjuge. Isso é saudável. Mas quem deve ocupar o lugar mais alto de sua amizade é seu marido ou sua esposa. Faça dessa pessoa seu maior confidente e parceiro dos bons e maus momentos.

4ª armadilha: revelação de segredos

Muitas vezes o casal conversa e fala coisas em sua intimidade. Ou até mesmo tece comentários sobre determinado assunto que só eles mesmos entendem. Talvez sejam comentários ingênuos e até cômicos, mas que devem ficar restritos à vida do casal. Quando esses assuntos são externados a outras pessoas, podem ocorrer reações as mais diversas. Por exemplo, uma situação cômica no contexto de marido e mulher pode ser considerada uma ofensa por alguém de fora. Assim, revelar segredos do casal pode levar a uma quebra de confiança que tende a enfraquecer ou até destruir essa amizade.

5ª armadilha: mentira

Algumas pessoas não sabem viver sem mentir. Iniciaram a prática na infância, mentindo para encobrir travessuras, e não pararam mais pelo resto da vida, aplicando o mesmo método para não assumir irresponsabilidades ou fugir das responsabilidades. Então a mentira é levada ao casamento, e a convivência diária torna fácil descobrir pequenas mentiras do cônjuge. Não é possível existir amizade profunda se ela está baseada em mentiras. A intimidade só é possível com o fundamento da verdade. Existem pessoas que mentem tanto que passam a acreditar nessas mentiras e, então, vivem de acordo com elas. Tornam-se "mentirosos ambulantes".

Esse assunto é tão importante que Jesus, chamado de "a verdade" (Jo 14.6), afirmou que o diabo é o pai da mentira: "Quando ele mente, age de acordo com seu caráter, pois é mentiroso e pai da mentira" (Jo 8.44). Não tenha dúvida de que a mentira é algo diabólico.

Então, o que fazer?

- *Reaja.* Você não pode se acomodar e ficar satisfeito com um conhecimento superficial sobre seu cônjuge. Tome uma atitude de querer ser o melhor amigo dele e também de ter nele o seu melhor amigo.

Ao perceber que as prioridades em relação à sua família estão sendo invertidas, converse e aja rapidamente para equilibrar sua agenda. O emprego é a fonte de renda, mas não é o único valor a ser considerado. São muitos os diretores de grandes companhias que alegam ter sucesso no trabalho e fracasso no lar. É esse o modelo que você quer para você? Reserve tempo e converse com seu cônjuge sobre como andam as prioridades da família. Se for preciso, façam as mudanças necessárias. Se estiver tudo em ordem, continuem firmes em seus propósitos de cultivar a amizade. Um bom vínculo de intimidade só se faz com convivência.

- *Abra-se.* Há pessoas que têm bloqueios para falar de si; mostram facilidade para conversar sobre qualquer assunto, mas não conseguem expor os próprios problemas ou desejos. Mas é necessário trabalhar esses aspectos no relacionamento. O cônjuge que tem mais facilidade de se expressar deve ajudar o outro que é mais tímido; no entanto, sem muitas cobranças, e sim colaborando, deixando-o mais à vontade. Respeite a personalidade do cônjuge, mas incentive-o a opinar nos assuntos que estão em pauta. Valorize o que ele diz e assim, aos poucos, ele vai relaxar e desenvolver confiança para contar coisas íntimas e particulares.
- *Construa pontes.* Vocês vivem diariamente em mundos diferentes, com realidades e desafios particulares. Conte seus sonhos e ouça os projetos e interesses de seu cônjuge. Relembre coisas positivas do passado que ajudarão a planejar um futuro melhor. Uma boa dica é fazerem alguma atividade juntos, como praticar esportes, mobiliar a casa, desenvolver um ministério na igreja ou atuar

como voluntário em alguma organização social. Isso contribui para aumentar o nível de amizade entre vocês.
- *Seja transparente.* A maior necessidade de um casal que deseja aprofundar sua amizade é manter a transparência na relação. O objetivo é conhecer tanto o cônjuge a ponto de "interpretar" sua expressão corporal, suas mínimas reações: quando ele franze a testa quer dizer isto; quando ela faz aquele movimento com os dedos quer dizer aquilo, e assim por diante.

Ser transparente também implica responder abertamente às perguntas quando questionado, impedindo que paire uma ideia falsa ou incompleta a respeito de um assunto. Veja se a pessoa entendeu seus argumentos, para não haver dúvidas futuras. A transparência também traz mais intimidade ao relacionamento.

RESPEITO

Esse elemento é às vezes designado também como consideração ou compromisso. Seja como for, o fato é que uniões que pretendem ter algum futuro devem começar com respeito mútuo acentuado. É assim desde a fase da "conquista" ou do namoro. Pessoas que são tratadas com ofensas passam a promovê-las também.

O namoro é o tempo das descobertas. O casal avaliará se deve ou não aceitar viver com o outro pelo resto da vida. Se não houver respeito logo no início do namoro, muito provavelmente a situação continuará assim durante o casamento.

Há casamentos que começam com um profundo respeito, mas que depois de um tempo começam a apresentar problemas. Os ventos e as tempestades da vida diária se aproximam, e a intranquilidade em vista dos problemas faz o casal "baixar o nível" na comunicação, tratando um ao outro de maneira ingrata e desrespeitosa.

O que a Bíblia diz sobre o assunto

O conceito da palavra *respeito* nas Escrituras Sagradas traz consigo alguns sinônimos como "honra" e "dignidade". Tem relação com uma atitude que começa com cada indivíduo (no sentido de sermos honrados e cumpridores de nossas obrigações) e estende-se aos progenitores: "Honre seu pai e sua mãe" (Êx 20.12). Mas é um princípio válido também em relação às autoridades, àqueles que nos ensinam, bem como a qualquer ser humano: "Tratem todos com respeito e amem seus irmãos em Cristo. Temam a Deus e respeitem o rei" (1Pe 2.17).

Assim, a atitude de *respeito* é muito mais ampla do que apenas no contexto da vida conjugal. Com isso em mente, é mais fácil captar o sentido da instrução bíblica a seguir:

> Da mesma forma, vocês, maridos, *honrem* [em algumas traduções: *tratem com consideração, respeito, dignidade*] sua esposa. Sejam compreensivos no convívio com ela, pois, ainda que seja mais frágil que vocês, ela é igualmente participante da dádiva de nova vida concedida por Deus. Tratem-na de maneira correta, para que nada atrapalhe suas orações.
> 1Pedro 3.7 (ênfase nossa)

Alguns maridos deveriam ler esse texto com mais cuidado, pois tratam a esposa de maneira completamente reprovável e desumana: gritam, xingam, insultam, zombam, ameaçam, batem, torturam etc. Através do apóstolo Pedro, Deus está dizendo que se não houver respeito, honra e dignidade no trato com a esposa, esses maridos terão suas orações "interrompidas" diante do Senhor. Já pensou? Seria mais ou menos a situação de um "marido desrespeitoso" que, após destratar sua mulher como faz habitualmente, entra no quarto e diz: "Senhor, protege-me por onde eu andar no dia de hoje, nesta cidade tão perigosa. Se não for pedir muito, eu preciso de tua ajuda para fechar um grande negócio no escritório". Sabe o que acontece? O mesmo que acontece quando você tenta completar uma ligação em seu celular de um lugar onde não há cobertura de sua operadora: ligação interrompida. Em vista dos maus-tratos que esse marido dispensa a sua companheira, o Criador do universo não poderá atender a suas ligações.

O mesmo é válido para as mulheres: "Portanto, volto a dizer: cada homem deve amar a esposa como ama a si mesmo, e a esposa deve *respeitar* o marido" (Ef 5.33, ênfase nossa). O respeito tem de ser um valor cultivado pelo casal. Não há dúvidas de que é muito mais comum encontrarmos homens desrespeitando mulheres que o contrário. Mas não podemos negar que existem mulheres com as quais não é nada fácil conviver: tratam o marido com muito pouca sabedoria, humilhando-os na frente de outras pessoas. Pouco se importam com os comentários que fazem sobre suas atitudes. A falta de respeito é como uma bomba-relógio marcada para explodir na vida desses casais.

Algumas armadilhas comuns

1ª armadilha: sarcasmo

Sarcasmo é aquela "brincadeira" que, na verdade, constitui um ataque verbal de menosprezo. Como diria um comediante da televisão: "Foi sem querer, querendo!". O sarcástico desfere verdadeiras "facadas", e quando sua vítima, o cônjuge, se ofende, responde: "Ei, você não aguenta nem uma brincadeira! Não tem senso de humor?". O sarcástico usa a ironia ou a zombaria de uma maneira provocativa e cruel. Trata-se de um escárnio para afrontar ou ofender a outra pessoa.

Há muita diferença entre uma brincadeira na intimidade do casal e o sarcasmo. A brincadeira é um humor leve, divertido e apropriado, que visa a descontração. O sarcasmo, ao contrário, destrói e arrasa. Caso você não saiba discernir uma coisa da outra, é melhor não "brincar".

2ª armadilha: humilhações

Trata-se de momentos em que a comunicação do casal já está péssima e as desavenças não estão sendo tratadas em alto nível. Há uma explosão emocional por quase tudo que acontece, sem se preocupar se há outras pessoas ao redor. A tendência natural, desse modo, é a humilhação mútua, com o objetivo de rebaixar o cônjuge na frente dos outros ou em particular.

Os motivos para humilhar o outro são os mais diversos: diferenças culturais, sociais, capacidades intelectuais, financeiras, culinárias, a maneira de criar os filhos, relacionamento difícil com a família, desempenho sexual etc. Qualquer coisa pode ser usada como munição para atirar humilhações contra o cônjuge com o objetivo de oprimir, abater, vexar e menosprezar, se possível com plateia cheia. Essas ações destroem o respeito rapidamente.

3ª armadilha: xingamentos

É impressionante como os mesmos pais que vivem dizendo aos filhos que não falem palavrões, agora estão usando esse tipo de ofensa contra eles mesmos — e as crianças assistem a tudo. Esse ato incoerente afeta o comportamento dos filhos não apenas na infância, mas trará efeitos também na vida adulta, com a ideia de que é normal repetir o padrão dos pais.

O baixo nível do tratamento é consequência de reagirmos mal a pequenas discordâncias ou provocações. O fato de sermos ofendidos pelo outro em um momento de explosão emocional não nos dá o direito de responder na mesma moeda. Reagir desse modo iniciará uma guerra sem fim. É preciso quebrar esse padrão. O nível das ofensas se aprofunda como um abismo cada vez mais escuro.

Somos seres inteligentes e racionais, por isso devemos encontrar outros meios e palavras para expressar nossas mágoas ou discordâncias sem ofender, humilhar ou ridicularizar quem pensa diferente de nós. Esse é o caminho para uma conversa inteligente. Talvez seja mais difícil trilhá-lo quando se é criança ou adolescente, mas os adultos têm a obrigação de andar por ele, a fim de que seus herdeiros se tornem seres humanos melhores.

Alguns dirão: "Para agir dessa maneira, é preciso estar calmo. No momento da discussão, não consigo me acalmar". É verdade que a prática e a repetição aperfeiçoarão essa atitude. Mas se você "raramente" consegue se acalmar em uma discussão, talvez seja a hora de procurar a ajuda de um médico, pois existem alguns transtornos emocionais que têm raízes químicas no cérebro. A não ser que ocorra um milagre de Deus, só o auxílio profissional resolverá o problema.

Então, o que fazer?

- *Recorde-se.* Traga à memória o que a pessoa fez um dia que chamou sua atenção e a destacou dentre todas as outras, fazendo com que você se apaixonasse. Relembre momentos em que seu cônjuge ajudou você ou aos seus, sem pensar no prejuízo que ele mesmo teria ao fazer isso. Quando estamos irritados nos esquecemos dessa parte positiva da vida que trilhamos juntos e pela qual seremos eternamente devedores.

- *Mostre reconhecimento.* Faça *elogios* frequentes, como: "O jantar estava ótimo!" ou "Esse texto que você escreveu ficou maravilhoso!". Use *afirmações* que exaltem pontos positivos, como: "Você faz isto muito bem!" ou "Gosto muito quando você age assim!". Dê motivos para ser lembrado por seus *incentivos* ao outro, como: "Vai dar tudo certo!" ou "Pode contar comigo, estou com você!".
- *Esteja atento.* São muitas as reclamações de cônjuges que afirmam que o outro é desatento ou que está apenas com o "corpo presente, mas a mente distante" quando conversam. Honre o outro com sua atenção. Pare um momento e ouça o que é falado. Caso esteja apressado ou fazendo coisas que também são necessárias, diga que compreende a importância do assunto, mas que, por estar ocupado no momento, é melhor vocês conversarem mais tarde. Agindo assim você demonstrará interesse em ouvir e valorizará o assunto, mas sinalizará que o momento não é apropriado para a conversa.
- *Expresse-se.* Não esconda seus sentimentos, mas fale com sabedoria e mansidão sobre os limites de respeito que estão sendo ultrapassados. Muitas vezes é hora de dizer: "Eu não trato você assim e não gostaria que você continuasse a me tratar desse modo". Não adianta ficar guardando mágoa, pois com o tempo isso resultará em uma explosão de ira.

- *Igualmente, ao perceber seu cônjuge se desvalorizando, alerte-o.*
Às vezes a própria pessoa está se desrespeitando e se subvalorizando. Se o cônjuge não está percebendo isso, é preciso ajudá-lo. Ele pode estar entrando em depressão e nem notar. Deus nos deu muito valor e responsabilidades como seres humanos. Se o próprio Criador nos valoriza, ninguém pode nos desvalorizar, nem mesmo nós.

BOA COMUNICAÇÃO

A terceira área vital que deve ser protegida para que tenhamos casamentos felizes e de longa duração é a *boa comunicação*. Uma ampliação desse conceito seria: voltar-se para o outro, aceitar suas opiniões, indicando que entre vocês o diálogo está aberto. Racionalmente, concordamos que essa é uma qualidade essencial a qualquer casamento. Grandes filósofos e intelectuais exaltam as virtudes do diálogo franco. No entanto, colocar em prática uma boa comunicação é uma dificuldade enorme em muitos momentos do relacionamento.

As principais bases para essa virtude são "saber ouvir" e também "saber falar". Muitos problemas na comunicação se devem a um não ter ouvido corretamente o que o outro disse. Como consequência, tomam-se conclusões erradas sobre o que discutiam. Outras vezes, as dificuldades acontecem porque uma pessoa não soube se expressar adequadamente e foi mal-interpretada por isso.

Aqueles que não se acomodam com a falta de comunicação e decidem enfrentá-la obtêm ganhos fantásticos, identificando suas dificuldades e aprendendo a minimizá-las. Com a boa comunicação o desgaste pessoal é reduzido, a amizade do casal se fortalece e o entendimento familiar é beneficiado, pois os filhos aprendem o modelo mostrado por seus pais e tendem a repeti-lo.

O que a Bíblia diz sobre o assunto

Nas Escrituras encontramos diversas orientações gerais sobre a comunicação, mas aqui priorizaremos o que diz o livro de Provérbios. Ele nos mostra orientações exatamente sobre o "saber ouvir" e o "saber falar". Vejamos alguns exemplos referentes ao "saber ouvir":

> Obtenha todo conselho e instrução que puder,
> e você será sábio para o resto da vida.
>
> Provérbios 19.20

> Planos fracassam onde não há conselho,
> mas têm êxito quando há muitos conselheiros.
>
> Provérbios 15.22

Ou seja, pessoas que não estão dispostas a ouvir e a aprender terão muitas chances de errar na vida.

Sobre os benefícios do "saber falar", vemos também:

> Palavras suaves são árvore de vida,
> mas a língua enganosa esmaga o espírito.
>
> Provérbios 15.4

> Da mente sábia vêm conselhos sábios;
> as palavras dos sábios são convincentes.
> Palavras bondosas são como mel:
> doces para a alma e saudáveis para o corpo.
>
> Provérbios 16.23-24

A preocupação deprime a pessoa,
mas uma palavra de incentivo a anima.

Provérbios 12.25

Começar uma briga é como abrir a comporta de uma represa;
portanto, pare antes que irrompa a discussão.

Provérbios 17.14

A orientação bíblica é clara: uma boa comunicação, aberta e apropriada, envolverá palavras amáveis, agradáveis e animadoras. Por outro lado, má comunicação, que provoca várias e intermináveis discussões, tem o efeito do rompimento de uma barragem: a água do rio que é contida pelo dique romperá suas paredes se houver uma pequena rachadura. Assim, Salomão aconselha: é melhor acertar o motivo da divergência o mais rápido possível.

Algumas armadilhas comuns

1ª armadilha: inflexibilidade

A comunicação traz consigo o conceito de entendimento entre duas ou mais pessoas. Cada uma dessas pessoas pode ter uma ideia a expressar e, para isso, precisa ser ouvida e compreendida. A flexibilidade é um valor fundamental para entender cada ideia, compará-la com a que temos e aperfeiçoar nossa estratégia com os dados positivos trazidos pelo outro.

Pessoas inflexíveis acreditam que apenas a sua ideia é a correta, mostrando-se indispostas para ouvir ideias diferentes. Pessoas "não ensináveis" podem ser ótimas naquilo que fazem, mas seus horizontes são curtos, têm dificuldades no trabalho em equipe e fazem muitos sofrerem, mesmo quando em sua avaliação consideram que estão agindo corretamente.

2ª armadilha: agressividade

A consequência da inflexibilidade, não raro, é a agressividade. Às vezes, porque os argumentos de defesa de seu ponto de vista foram postos em xeque ou derrubados por quem não concorda com eles. Outras vezes, a agressividade decorre de uma insegurança pessoal de quem se sente ofendido por ser questionado.

A violência no falar e a ira no tratamento dispensado às pessoas que pensam diferente de nós têm de ser objetos de nossa preocupação. É um problema que precisa ser tratado. Não pode ser encarado como simples questão de herança familiar, do tipo "eu fui criado assim". É necessário exercer o equilíbrio e o domínio próprio. Quando não se consegue isso, é importante buscar ajuda profissional de um médico ou psicólogo, a fim de que essa dificuldade não se transforme em um transtorno do humor.

3ª armadilha: sofrer calado

As duas primeiras armadilhas dizem respeito a ataques direcionados aos outros. A terceira armadilha é um ataque contra si mesmo. Não dá para sofrer calado, sem comunicar ao outro o que sente. Se agirmos assim, isso resultará em "implosão" ou "explosão" emocional.

A maneira de comunicar o que sente deve ser feita com prudência e sabedoria. Caso tenha dificuldades de fazê-lo, procure ajuda de um conselheiro ou psicólogo para desenvolver a imposição de limites e comunicar sentimentos aos outros.

Então, o que fazer?

- *Priorize o diálogo.* Não adianta alegar que "não tem tempo". Só se caminha para uma boa comunicação praticando-a. Faça como em seus bons tempos de namoro, lembra? Vocês conversavam sobre tudo, caminhando ou sentados em um sofá. Estabeleça um padrão de conversa equilibrado, o que implica *falar*, mas também *ouvir*. Dê oportunidade para o outro reportar suas necessidades e seus desejos de maneira clara e sincera. Revelem sentimentos positivos e negativos sem falsidade ou fingimento. Falem sobre acontecimentos do dia, sentimentos alegres ou tristes, planos e expectativas.
- *Ouça o "coração" do outro.* Ao ouvir os argumentos de seu cônjuge, tente se colocar no lugar dele, e mesmo que seja apenas como suposição, vivencie por um momento o que ele falou. Procure analisar como seria "estar na pele" do outro e pensar sob o ponto de vista dele, sentir-se como ele se sente. Dessa maneira, você terá noção do que é olhar o mundo através dos olhos do outro. Esse exercício se chama *alteridade* (pensar altruisticamente, sob o ponto de vista do outro), que é o oposto do *egocentrismo* (pensar só em si mesmo e olhar as coisas sob o próprio prisma).
- *Não seja vítima.* Uma das atitudes mais comuns quando se é pego em algum erro é se fazer de vítima ou agir como uma criança indefesa. Há ainda aqueles que procuram se defender atacando o outro, lembrando-o de problemas do passado. Em vez disso, assuma as faltas que cometeu. Quando você reconhece que foi infeliz em uma atitude e pede perdão por sua parcela de erro, tudo fica mais fácil de ser acertado e voltar à convivência normal.

CHAMAS DO ROMANCE

A próxima área vital aos casamentos felizes e de longa duração é manter acesas as "chamas do romance". As pesquisas trouxeram também outras palavras que ampliam esse conceito, como: sexo, carinho demonstrado e fidelidade.

Ao pensar em reacender as chamas, muitos remetem imediatamente ao sexo. Embora o romantismo contribua e até nos prepare para esse momento, nem sempre ele visa objetivamente o ato sexual. O romantismo também é suave, delicado, poético, respeitoso, agradável e procura exaltar e valorizar o outro.

O sexo é maravilhoso e importantíssimo na vida do casal. Mas amor não é só sexo. Os casais que pensam no amor apenas como uma questão sexual acabam se frustrando. Aqueles que entendem que o amor tem vários aspectos e que todos eles precisam ser cuidados diariamente desfrutam de uma qualidade melhor em seus relacionamentos — até mesmo na área sexual. Sexo bom e satisfatório é *consequência* de estarem sendo trabalhadas e satisfeitas algumas áreas da vida conjugal, como o romantismo, o companheirismo, a vida social e a espiritual. Portanto, o sexo é uma celebração.

O que a Bíblia diz sobre o assunto

O romance está presente em várias passagens bíblicas. Algumas delas são relacionadas à descrição poética de quem se ama, e outros textos estão relacionados diretamente ao envolvimento sexual:

> Como você é linda, minha querida,
>   como você é linda!
> Seus olhos são como pombas.

Como você é belo, meu amor,
   como você é encantador!
A grama macia é nosso leito.
Cântico dos Cânticos 1.15-16

Seja abençoada a sua fonte!
   Alegre-se com a mulher de sua juventude!
Ela é gazela amorosa, corça graciosa;
   que os seios de sua esposa o satisfaçam sempre
   e você seja cativado por seu amor todo o tempo!
Provérbios 5.18-19

O marido deve satisfazer as necessidades conjugais de sua esposa, e a esposa deve fazer o mesmo por seu marido. [...] Não privem um ao outro de terem relações, a menos que ambos concordem [...], para que Satanás não os tente por causa de sua falta de domínio próprio.
1Coríntios 7.3,5

O livro de Cântico dos Cânticos, citado na primeira passagem, mostra o diálogo do rei Salomão com sua mulher Sulamita. Esse livro é repleto de declarações românticas do casal. É um estímulo a qualquer leitor apaixonado. Na sequência, apresentamos um provérbio do mesmo rei, em que o jovem marido é exortado a se alegrar e se envolver nas carícias de sua esposa. O terceiro trecho bíblico traz o apóstolo Paulo orientando objetivamente os casados a só deixarem de praticar o sexo se houver comum acordo e por um curto espaço de tempo. A razão disso é para que não caiam em tentação, motivada pela falta de um relacionamento sexual saudável com o cônjuge. As Escrituras Sagradas aprovam e incentivam as "chamas do romance".

Algumas armadilhas comuns

1ª armadilha: sem tempo para o sexo

O início do casamento geralmente é marcado por muito romantismo e um ardoroso envolvimento sexual. Mas, com o passar dos anos de convivência, essa volúpia vai se amenizando e o casal alcança determinada regularidade na prática sexual. Só que alguns cônjuges acabam ficando quase sem tempo para o sexo.

Existem motivos justificáveis para esse fato: problemas médicos, psicológicos, idade, exigências do trabalho, entre outros. Por outro lado, esses motivos devem ser analisados por ambos para que não se tornem desculpas para o cansaço, a indiferença e as brigas mal resolvidas. Isso é uma cilada que destrói muitos relacionamentos. Os cônjuges que se sentem frustrados ficam vulneráveis a diversas tentações.

2ª armadilha: desvalorizar o romance

Alguns homens podem pensar: "Romance é coisa de adolescente. Eu quero é ir direto ao sexo!". Muitos maridos, no passado, agiram de maneira bruta, tratando a esposa como se fosse um objeto. Ninguém gosta de se sentir como um objeto que é utilizado e logo depois jogado fora. Assim, para manter a chama acesa, precisamos apreciar o romance em todos os momentos e utilizá-lo principalmente nas preliminares do ato amoroso.

3ª armadilha: sedução extraconjugal

Quando um cônjuge não está suprido em suas carências físicas e românticas, muitas vezes ele começa a dar ouvidos aos elogios feitos por pessoas no trabalho, na escola, na academia, na igreja, na vizinhança, na internet etc. Antes que seu parceiro caia na cantada de alguém, faça você mesmo os elogios a ele.

4ª armadilha: considerar-se forte demais

O apóstolo Paulo diz: "Portanto, se vocês pensam que estão de pé, cuidem para que não caiam" (1Co 10.12). Quem se acha maduro demais para cair em tentação geralmente acaba caindo facilmente. Todos podem fraquejar diante das ciladas da infidelidade. Aqueles que são humildes em reconhecer suas limitações e que buscam proteger-se, fugindo da menor possibilidade de um adultério, têm mais chances de evitá-lo.

Então, o que fazer?

- *Seja criativo.* Quase todas as mulheres já nascem com uma natureza romântica. Os homens, ao contrário, aprendem ao longo dos anos que se quiserem conquistar a esposa terão de aperfeiçoar suas atitudes, tornando-as mais atraentes e apaixonadas. Contudo, depois que se casam, muitos deles relaxam na área do romantismo. Esforçaram-se e foram criativos por tanto tempo que, após conseguirem escolher a esposa e casar-se com ela, deixam gradativamente as atitudes carinhosas de lado.

  Romantismo é uma parte muito importante no casamento. É ele que traz mais dinâmica a certas rotinas inevitáveis; traz mais cor e luz aos momentos sombrios; traz mais sabor a relacionamentos que estavam azedando. Mas o romance não tem vida própria, ele não acontece sozinho e precisa ser cultivado regularmente, senão murcha. Se pensarmos que o romance é uma parte essencial ao relacionamento, chegaremos à conclusão de que sem romance o casamento perde muito de sua cor, de sua luz e de seu sabor! Então, volte a agir romanticamente, cultive a imaginação, relembrando as situações do namoro. Crie um clima romântico: prepare o local do encontro, mantenha o contato físico e visual.

- *Aprenda mais.* Uma parte extremamente importante para manter acesas as chamas do romance no casamento é a relação sexual. Ela deve ser sempre aprimorada, por isso é preciso manter-se em constante aprendizado. Com isso os casais descobrem que podem aperfeiçoar sua vida sexual mediante maior conhecimento, compreensão e sensibilidade mútua. É evidente que casais cristãos, compostos de pessoas que foram transformadas pelo evangelho, não vão melhorar seu desempenho sexual utilizando-se de meios não santos, como é o caso da pornografia e seus subprodutos.

Existem muitas maneiras de desenvolvermos a área física do amor. Vários livros cristãos, por exemplo, detalham como melhorar a vida sexual do casal. Livros e revistas médicas com matérias sérias, que podem ser indicadas por profissionais da área para instrução de seus pacientes, e palestras ministradas por profissionais como médicos, psicólogos, enfermeiros e conselheiros que trabalham com casais, também ajudam a possibilitar um contato mais aberto e informal, com abertura para o debate.

- *Proteja-se de tentações.* Vivemos em uma sociedade que considera normal alguém casado ficar flertando com quem não é seu cônjuge. Sabemos como isso termina: traição e adultério. As consequências são desastrosas para o casamento, para os filhos, para os amigos e até mesmo para a vida profissional.

Lembre-se do exemplo de Jó, que disse: "Fiz uma aliança com meus olhos de não olhar com cobiça para nenhuma jovem" (Jó 31.1). Além de ser casado, Jó tinha um compromisso sério com o Senhor. Assim, disciplinou-se a desviar seus olhos de situações que o levariam a ser infiel. Ele sabia muito bem que Deus "enxerga toda a terra; vê tudo que há debaixo do céu" (Jó 28.24). Salomão afirmou que, um dia, o Criador nos questionará a respeito de todas as nossas atitudes: "Jovem, alegre-se em sua juventude! Aproveite cada momento. Faça tudo que desejar; não perca nada! Lembre-se, porém, que Deus lhe pedirá contas de tudo que fizer" (Ec 11.9). Portanto, sejamos românticos, mas apenas com nosso cônjuge.

PRAZER EM ESTAR JUNTO

As pesquisas identificaram o gosto pela convivência como outra área vital ao casal. Para explicar e ampliar essa ideia, foram mencionadas também palavras como: afeição, admiração, humor e diversão. Faz todo o sentido que as uniões duradouras sejam consequência dessas ações de companheirismo através do tempo.

Fatores como a paixão e o romance normalmente têm um grande peso na escolha do futuro parceiro. No entanto, eles terão vida curta se permanecerem isolados. É importante que tudo aquilo que nos atraiu cresça com o tempo por meio da admiração por quem o outro é e pelo que faz — afinal, vocês estão construindo um futuro juntos. A felicidade dos bons momentos compartilhados e a confiança de caminharem lado a lado se transformam em força e vigor para enfrentar as tormentas e os tempos difíceis que a vida sempre traz.

O que a Bíblia diz sobre o assunto

Vários textos bíblicos traduzem qualidades e atitudes de cônjuges que são bem-sucedidos em sua convivência familiar:

> Seus filhos se levantam e a chamam de "abençoada",
>   e seu marido a elogia:
> "Há muitas mulheres virtuosas neste mundo,
>   mas você supera todas elas!".
>
> Provérbios 31.28-29

> O seu falar é muitíssimo doce; sim, ele é totalmente desejável. Tal é o meu amado, tal, o meu esposo.
>
> Cântico dos Cânticos 5.16, ARA

Há, ainda, passagens que mostram como o amor e a alegria devem ser preservados nos momentos de dificuldades:

> Amem as pessoas sem fingimento. Odeiem tudo que é mau. Apeguem-se firmemente ao que é bom. [...] Alegrem-se em nossa esperança. Sejam pacientes nas dificuldades e não parem de orar. [...] Alegrem-se com os que se alegram e chorem com os que choram.
>
> Romanos 12.9,12,15

> Estejam sempre alegres. Nunca deixem de orar.
>
> 1Tessalonicenses 5.16-17

Além disso, as Escrituras nos incentivam a caminhar com pessoas que nos alegram e que agregam valores positivos:

Como é bom e agradável
quando os irmãos vivem em união!

Salmos 133.1

Quem anda com os sábios se torna sábio.

Provérbios 13.20

Sendo assim, temos uma sólida base bíblica para andar bem acompanhados, com gente que nos inspira e nos torna pessoas melhores, principalmente quando as escolhemos para viver conosco uma linda história de amor.

Algumas armadilhas comuns

1ª armadilha: excesso de críticas

A alegria de caminhar juntos pode se transformar em tragédia se as críticas não forem feitas com sabedoria. Críticas existirão na vida de qualquer casal, pois tais observações ou comentários normalmente acontecem originados por uma boa intenção. O objetivo desses comentários não é magoar e sim melhorar, contudo a maneira e o tom dessas críticas acabam afetando o outro.

As reclamações por vezes se acumulam, e a tendência é tentar resolvê-las todas em apenas uma conversa. Despejam-se críticas que causam no cônjuge irritação, frustração e desânimo. Será muito sensato se as observações não tão positivas forem mais espaçadas, uma de cada vez, intercaladas em vários dias e com momentos de valorização das virtudes do companheiro. Essa armadilha é terrível, pois é muito difícil viver saudavelmente em um ambiente em que se vive sendo criticado.

2ª armadilha: excesso de realidade

A crise conjugal será uma questão de tempo se as conversas do casal forem muito mais para discutir problemas do que para desfrutarem os bons momentos que a vida traz. Há casais que exageram. Os problemas precisam ser resolvidos, mas algumas pessoas ficam paranoicas com suas dificuldades. Só pensam nelas, só falam sobre elas e não têm outro assunto. Agem como se estivessem travadas diante dos outros aspectos de seu dia a dia.

A realidade é dura e precisa ser enfrentada seriamente, sem fugas. Mas não se deve cair em uma radicalização, mergulhando nos problemas de maneira tão desmedida que a pessoa não vê mais nada além deles, perdendo a paz interior e ainda prejudicando o relacionamento.

3ª armadilha: excesso de lazer

Trata-se do oposto do problema anterior. Aqui a pessoa se empolga tanto por estar junto ao cônjuge, aos filhos e à família que passa a viver de modo irresponsável, supervalorizando o lazer e perdendo horários e compromissos.

Alguns adultos se viciam em diversão, seja de maneira solitária, como no caso dos *video games*, seja em conjunto com outras pessoas. Eles têm ataques de infantilidade, e as consequências podem ser desastrosas. O lazer é uma prática positiva, mas precisa de limites. O exagero pode se tornar uma fuga da realidade, em que o sustento familiar pode ser afetado. Sem trabalho, não se pagam as contas.

Então, o que fazer?

- *Dedique-se.* Reservem momentos para fazer coisas juntos, mesmo que por pouco tempo. A frequência os

levará a ansiar por estarem juntos novamente. Um passeio em lugar agradável, curtir um cinema ou teatro, jantar em um bom restaurante, ou mesmo ficar em casa assistindo à tevê de mãos dadas.
- *Demonstre.* Claro que uma boa conversa é sempre bem-vinda, mas mantenha a prática de abraçar, beijar e acariciar. Faça pequenos mimos, compre o bombom de que o outro mais gosta. Ao voltar de uma viagem a trabalho, compre um *souvenir*, mostrando que pensou em seu cônjuge embora estivesse longe dele.
- *Mantenha a descontração.* Há situações em que você pode manifestar seu bom humor. Revelar um pouco de seu lado mais leve e descontraído. São momentos preciosos e devem ser preservados. Nosso lar é um doce refúgio, onde podemos sair da extrema rigidez dos relacionamentos profissionais e respirar ares mais saudáveis. Cultive a autenticidade, seja verdadeiro. Sinta-se livre para chorar, rir e divertir-se com as pessoas que mais gostam de você, nos bons e nos maus momentos: a sua família.

VALORES COMUNS

Casamentos felizes e de longa duração são marcados também pelos valores escolhidos e vivenciados pelos cônjuges, como integridade, honestidade, vida espiritual e significados na vida, entre outros. Isso foi detectado pelas pesquisas já mencionadas.

Agir de maneira coerente e íntegra deve ser uma busca constante de qualquer ser humano. Mas aqueles que pretendem ter relacionamentos duradouros precisam desenvolver discursos e ações alicerçados na verdade e na transparência. A clareza de propósitos e objetivos precisa ser sua marca.

Retidão de caráter deve se tornar uma "agradável obsessão". Quando cada cônjuge pensa desse modo, vive no dia a dia com um mesmo padrão moral e ético.

Sem dúvida, os casais que cultivam seus momentos espirituais, buscando em Deus as respostas a seus anseios existenciais, bem como força, coragem e sabedoria para enfrentar a vida, facilitarão bastante sua caminhada. Algumas tradições, costumes e preferências familiares são mantidas pelo casal, como convidar amigos uma vez por mês para jantar ou promover um encontro com todos os parentes na Páscoa ou no Natal. São momentos prazerosos que decidimos cultivar, como um valor importante a ser preservado entre as pessoas que queremos bem. Muitas vezes essas tradições e costumes passam de pais para filhos e tendem a se perpetuar.

O casal pode discordar, discutir e pensar diferente em muitos assuntos, mas naquilo que podemos chamar de *princípios básicos* eles quase sempre estão de acordo. O inverso também é verdadeiro: é comum sabermos de casais que se separaram rapidamente em razão de divergências em áreas como a dos valores familiares, éticos e morais, a retidão de caráter, a visão de mundo etc.

O que a Bíblia diz sobre o assunto

A ação do evangelho de Cristo visa mudar a pessoa *de dentro para fora*. Isso quer dizer transformar primeiro sua consciência e seus valores para depois, como consequência, mudar suas atitudes para com os outros e a maneira de encarar a vida. Assim, são inúmeras as passagens bíblicas que abordam os valores errados a serem abandonados e os positivos que devem ser cultivados.

O apóstolo Paulo instrui sobre como aproveitar bem nosso tempo e que tipo de pensamentos devem permear nossa mente:

Por fim, irmãos, quero lhes dizer só mais uma coisa. Concentrem-se em tudo que é verdadeiro, tudo que é nobre, tudo que é correto, tudo que é puro, tudo que é amável e tudo que é admirável. Pensem no que é excelente e digno de louvor.

Filipenses 4.8

Além disso, Paulo também citou outros valores comuns àqueles que vivenciam o evangelho, como compaixão, paciência e perdão:

> Visto que Deus os escolheu para ser seu povo santo e amado, revistam-se de compaixão, bondade, humildade, mansidão e paciência. Sejam compreensivos uns com os outros e perdoem quem os ofender. Lembrem-se de que o Senhor os perdoou, de modo que vocês também devem perdoar.
>
> Colossenses 3.12-13

Pedro, discípulo de Cristo, incentiva:

> Tenham todos o mesmo modo de pensar, sejam compassivos, amem-se fraternalmente, sejam misericordiosos e humildes.
>
> 1Pedro 3.8

Isso mostra que existe muita base nas Escrituras Sagradas aprovando os valores positivos cultivados por alguns casais que são um exemplo para toda a família por muitos anos.

Algumas armadilhas comuns

1ª armadilha: briga na família

Ao tentar manter alguma tradição que envolva seus parentes, prepare-se para encontrar possíveis obstáculos desagradáveis.

Eles podem ocorrer ao convidar a família extensa para uma comemoração em sua casa, por exemplo. Infelizmente, nessas ocasiões, algumas pessoas supervalorizam pequenos problemas. Uma brincadeira pode ser mal-entendida e um convidado se melindrar com o que aconteceu, ou então pode acontecer de um adulto chamar a atenção de maneira mais dura de alguma criança travessa e os pais se desentenderem com quem a repreendeu.

A discussão dos familiares pode indiretamente causar mal-estar entre os cônjuges que promoveram o evento. Os problemas mal resolvidos podem envolver irmãos, sogros e tios, levando ao afastamento em encontros tradicionais, como aniversários, formaturas, Natal etc. Essa armadilha é muito comum e afeta muitos lares.

2ª armadilha: desentendimentos na igreja

Pessoas que trabalham juntas necessitam constantemente entrar em acordo naquilo que fazem, pois alguém deverá liderar e o outro obedecer, visando a execução do projeto para o bem comum. Esse princípio é válido em qualquer lugar, inclusive no ministério. No entanto, é mais fácil aceitarmos as discussões dentro de uma empresa, em que somos pagos para trabalhar, do que em uma comunidade religiosa, onde a maioria é formada por voluntários.

Muitas vezes os desentendimentos que ocorrem na comunidade conduzem ao isolamento por longo tempo, não apenas da convivência com aqueles irmãos, como também de uma "briga" com o próprio Deus. Uma palavra dita sem cuidado ou alguma cobrança mais exaltada sobre a responsabilidade de alguém provoca a reação de querer abandonar o ministério. A falta de perdão aumenta a decepção e justifica interiormente o afastamento do exercício de seus dons espirituais.

A pessoa caiu na armadilha: parou de frequentar a igreja, abandonou o ministério, deixou o trabalho ir por água abaixo. A consequência será não deixar o cônjuge e os demais membros da família irem à comunidade. O diabo está feliz e "batendo palmas" para tudo isso. Como resultado, os valores espirituais são abalados.

3ª armadilha: discordar de metas futuras

Existem pessoas que passam boa parte da vida tendo ideais para o futuro. Isso é muito positivo quando há comum acordo com a família. Mas alguns sonhos são muito particulares e exclusivos de uma pessoa, e isso poderá trazer grandes problemas.

Imagine a situação de um marido que tenha o anseio de, quando se aposentar, passar o resto da vida em uma fazenda isolada em uma cidade pequena, cuidando de gado. Só que seus filhos estão na época de entrar na faculdade, que talvez não exista naquela região. Além disso, eles detestam tudo o que se refere ao campo. A esposa tem arrepios só de pensar em morar longe da cidade grande, cuidar de animais e viver rodeada por mosquitos.

Já pensou que confusão existirá nessa casa quando o homem resolver mudar, levando todos juntos com ele? Quando os sonhos são de uma só pessoa, mas envolvem toda a família, podem gerar muito conflito. Essa armadilha tem potencial para estragar o convívio e a alegria no lar.

Então, o que fazer?

- *Incentive os rituais de família.* Se, durante sua infância, seus pais acostumaram você a essas ocasiões prazerosas e suas recordações são agradáveis, é natural que queira dar continuidade a elas. Receber visitas de vez em quando, realizar almoços comemorativos, abrir presentes com a família no Natal, participar de atividades especiais no fim de semana e realizar encontros com velhos amigos são bons rituais familiares que devem ser preservados.
- *Mantenha os papéis sociais.* Deixem claros os valores que o casal já vivencia e deve ensinar a seus filhos, como a responsabilidade em serem bons pais, filhos e cônjuges, a busca pela excelência em tudo o que fizerem, o compromisso de serem profissionais competentes, o ideal de tornar o mundo um pouco melhor em sua geração etc.
- *Seja um exemplo.* Se você diz ter valores éticos e religiosos, então viva o que prega. Lute onde estiver por princípios de bondade, integridade, honestidade, transparência e coerência com o que acredita.
- *Flexibilize metas futuras.* Você pode e deve ter planos para o futuro, mas seja flexível. De que adianta realizar seu sonho e descontentar todos aqueles que você mais ama? Cultive ideais de vida compatíveis, esperanças e aspirações que incluam as pessoas ao seu redor em vez de repeli-las.

BOA RESOLUÇÃO DE CONFLITOS

A última área mencionada nas pesquisas que preserva a felicidade nos casamentos e proporciona muitos anos de vida conjugal é a maneira sábia de resolver os problemas que surgem diariamente. Outras expressões usadas pelos casais nessas avaliações e que ampliam seu conceito foram: habilidade em decidir e maneira de superar impasses.

Nossa existência produz desafios novos a cada dia. Muitos deles nos surpreendem, assustam e chocam, mas não devem nos paralisar. Obstáculos existem para serem superados. Problemas aparecem e precisam ser equacionados e resolvidos.

Algumas pessoas têm mais habilidades que outras nesses momentos. São mais frias e calculistas, usam bem a flexibilidade, lembram-se de experiências passadas em que não foram tão sábias para logo à frente optarem por caminhos melhores. Essas qualidades mantêm casamentos unidos por mais tempo.

O que a Bíblia diz sobre o assunto

Deus sempre mostra que a pessoa considerada sábia é aquela que não age por impulso e sem pensar, mas que avalia bem a situação antes de tomar alguma atitude. Ponderar, examinar caminhos e decidir com equilíbrio têm alto valor nas Escrituras Sagradas. Elas também mostram que a irritação, a gritaria, a provocação e a violência são marcas daqueles que ampliam suas dificuldades e não resolvem os problemas.

> O coração do justo pensa bem antes de falar;
> a boca dos perversos transborda de palavras maldosas.
> Provérbios 15.28

> O sensato não perde a calma,
> mas conquista respeito ao ignorar as ofensas.
> Provérbios 19.11

Todos se alegram quando dão a resposta apropriada;
como é bom dizer a coisa certa na hora certa!

Provérbios 15.23

A resposta gentil desvia o furor,
mas a palavra ríspida desperta a ira.

Provérbios 15.1

Agora é o momento de se livrarem da ira, da raiva, da maldade, da maledicência e da linguagem obscena. Não mintam uns aos outros.

Colossenses 3.8-9

Não retribuam mal por mal, nem insulto com insulto. Ao contrário, retribuam com uma bênção. Foi para isso que vocês foram chamados, e a bênção lhes será concedida.

1Pedro 3.9

O conselho bíblico, portanto, está ligado a pensar bem, ouvir conselhos, manter a calma nas discussões, não revidar os maus-tratos recebidos e evitar confrontos antes de tomar uma decisão com o objetivo de se tornar, a cada dia, uma pessoa mais sábia nas resoluções dos problemas.

Algumas armadilhas comuns

1ª armadilha: imposição de decisões

Existem problemas que podem ser decididos por apenas um dos cônjuges devido à falta de tempo suficiente para consultar a opinião do outro. Mas essa deve ser a exceção, e não a regra. A maior parte das decisões precisa de consenso, caso contrário, gerarão no futuro muitas discussões entre o casal.

Pessoas inflexíveis, que não aceitam sequer ouvir o ponto de vista do outro, caem nessa armadilha e não percebem que estão perdendo a capacidade de conhecer diferentes ângulos da questão. A solução poderia ser até mais fácil e criativa, pois a observação dos outros alerta sobre boas e interessantes possibilidades.

A imposição de uma ideia traz muitos riscos. Um deles é que a pessoa pode estar totalmente certa e será elogiada, ou pode estar totalmente errada e será culpada pelos outros. A sabedoria está na flexibilidade: ouvir as sugestões, reter o que é bom e tentar tomar a melhor decisão com os dados disponíveis, realizando isso de maneira compartilhada.

2ª armadilha: destempero emocional

Algumas pessoas são tão estressadas que parecem viver em uma zona de guerra. Sentem-se ameaçadas e contrariadas por tudo e todos. Parecem ter mania de perseguição, e para se defender utilizam-se das explosões emocionais. Qualquer divergência ou discordância à sua maneira de encarar um problema será motivo de gritaria ou discussão em altos brados. Essas pessoas explodem com o objetivo de desencorajar qualquer oposição à sua ideia.

O casamento dessas pessoas está permanentemente ameaçado, pois seu cônjuge não aguenta a situação, sofrendo por muito tempo. A saída para pessoas exaltadas é entender que precisam de uma avaliação médica com relação ao descontrole exagerado. Caso haja a necessidade de tratamento e medicação, em um curto espaço de tempo a serenidade voltará a reinar nesse lar e mais uma família deixará de se separar.

3ª armadilha: fazer concessões demais

Há pessoas que não abrem mão de suas ideias, mas também existem aquelas que cedem demais e sempre, quando deveriam lutar um pouco mais por seu ponto de vista. Todas as negociações têm seus limites. É necessário ceder apenas no que é possível, firmando nossa opinião naquilo que consideramos essencial, sem banalizar nossos ideais, princípios e ética.

Assim, se é errado ser inflexível, há o extremo oposto que também é condenável: sempre abrir mão de suas ideias em benefício da opinião das outras pessoas. Flexibilizar é uma virtude, mas existem momentos em que é necessário firmar posição para que nossas convicções sejam entendidas.

Então, o que fazer?

- *Seja moderado.* Ao discutir sobre algum assunto, aborde o problema sem perder a calma, com tranquilidade, sem usar de rispidez. Quando houver divergência em algum ponto, não tome como uma afronta pessoal, mas simplesmente como um modo diferente de olhar a questão.
- *Acalme-se e acalme o parceiro.* Será mais difícil vocês se entenderem se houver ataques verbais cada vez mais intensos. Quando os ânimos estão exaltados, as palavras são jogadas sem o crivo do bom senso e acabamos ofendendo e sendo ofendidos. Portanto, nessas situações, acalme-se e tente acalmar a pessoa com quem está conversando. Seja tolerante com as possíveis falhas que o outro cometer no momento em que estiver nervoso. Seu

objetivo maior é conseguir que uma solução do problema seja encontrada.
- *Negocie.* Quando surgir uma divergência de pensamento, defina os pontos que vocês têm em comum. Depois, analise bem o que é negociável e inegociável em sua maneira de ver a questão. Aprenda que as concessões mútuas são saudáveis na busca para se chegar a um acordo. Tente corrigir os próprios erros e aceite iguais tentativas feitas pela outra pessoa.

Finalizando, não devemos esquecer que essas áreas estudadas pelas pesquisas são fundamentais e devem ser defendidas vigorosamente se quisermos desenvolver casamentos felizes e famílias saudáveis, que permaneçam em união por muito tempo. Nunca se esqueça delas:

1. Amizade
2. Respeito
3. Boa comunicação
4. Chamas do romance
5. Prazer em estar junto
6. Valores comuns
7. Boa resolução de conflitos

7
LIDE COM A IRA

Qualquer pessoa pode encolerizar-se. É fácil. Mas encolerizar-se com a pessoa certa, no grau certo, no momento certo, pela razão certa e da forma certa — isso não é fácil.

Aristóteles

A ira é um sentimento dado por Deus aos seres humanos. O próprio Criador manifesta na Bíblia, diversas vezes, essa capacidade. Como um ser perfeito, o Senhor manifesta a ira em equilíbrio com sua justiça e misericórdia. O ser humano, sendo imperfeito, não tem o mesmo equilíbrio, podendo utilizar a ira como fator negativo com uma frequência impressionante.

Um dos grandes desafios do ser humano é manter o domínio próprio com relação ao sentimento da ira. Quando não controlada, a ira pode causar inúmeros estragos, incluindo rompimento de amizades, brigas vergonhosas, famílias abaladas e até atos criminosos.

A violência que é gerada pelo descontrole da ira tem sido estudada há muitos anos. Existem aqueles que consideram a própria pessoa como responsável por essa agressividade latente, tendo a origem genética como uma das possibilidades. Outros defendem que a tendência à violência pode ser aprendida quando a pessoa vê essa prática ao seu redor e passa a reproduzi-la. Ainda outros estudiosos creem em uma combinação das duas primeiras: o indivíduo pode ser propenso geneticamente e também aprender a se irar exageradamente.

Todas essas linhas de pensamento apresentam dados interessantes. A nosso ver, cada uma delas deve ser analisada com todo cuidado. De maneira alguma podemos fechar os olhos à possibilidade hereditária ou à influência do meio. Como cristãos, porém, sabemos que existe um importantíssimo componente que contribui para que os seres humanos façam o que é mau: o pecado.

O LADO POSITIVO DA IRA

Todos nós já tivemos algum contato com as explosões e os problemas causados pela ira. Entretanto, ela tem o seu lado bom e saudável. Um exemplo é quando ficamos indignados com a violação dos padrões de Deus. Algumas vezes, o próprio Jesus irou-se, dizendo:

> Hipócritas! Isaías tinha razão quando assim profetizou a seu respeito: "Este povo me honra com os lábios, mas o coração está longe de mim. Sua adoração é uma farsa, pois ensinam ideias humanas como se fossem mandamentos divinos".
>
> Mateus 15.7-9

> Que aflição os espera, mestres da lei e fariseus! Hipócritas! Fecham a porta do reino dos céus na cara das pessoas. Vocês mesmos não entram e não permitem que os outros entrem. [...] Serpentes! Raça de víboras! Como escaparão do julgamento do inferno?
>
> Mateus 23.13,33

É interessante notar que, apesar da linguagem forte, Jesus atacava o mal e a maldade de uma atitude religiosa incoerente; ele não tinha o objetivo de humilhar as pessoas que praticavam o erro. Sua intenção era exortá-los sobre as consequências do que faziam para que voltassem aos padrões corretos.

Percebemos também o lado bom da ira quando ela atua como um "alarme" contra um perigo ou uma ineficiência. Há ocasiões em que a passividade pode custar a vida de alguém. Por exemplo, um pai que grita irado "Pare!" a um filho desatento, que está prestes a atravessar a rua com um caminhão vindo em sua direção. Caso houvesse mais tempo para explicações, agiríamos mais controladamente. A explosão da ira pode avisar sobre um perigo iminente, ou exortar sobre os efeitos danosos de algum projeto. Nem sempre esse "alarme" é acionado sem magoar ou ferir alguém. Por isso, é necessária a disposição de pedir perdão ou acertar as coisas com quem nos irritamos. Veja o que Paulo aconselhou em Efésios: "E não pequem ao permitir que a ira os controle. Acalmem a ira antes que o sol se ponha" (Ef 4.26).

Outro momento em que a ira é saudável acontece quando é uma repreensão honesta, que leva a outra pessoa a se arrepender e mudar para melhor. O verdadeiro amigo não fala somente o que é bom e agradável: havendo necessidade, ele deve repreender de forma leal, mesmo que a outra pessoa se entristeça. Veja o que diz a Bíblia sobre isso:

A repreensão franca
 é melhor que o amor escondido.
As feridas feitas por um amigo sincero
 são melhores que os beijos de um inimigo.

Provérbios 27.5-6

Pregue a palavra. Esteja preparado, quer a ocasião seja favorável, quer não. Corrija, repreenda e encoraje com paciência e bom ensino.

2Timóteo 4.2

Não me arrependo de ter enviado aquela carta severa, embora a princípio tenha lamentado a dor que ela lhes causou, ainda que por algum tempo. Agora, porém, alegro-me por tê-la enviado, não pela tristeza que causou, mas porque a dor os levou ao arrependimento. Foi o tipo de tristeza que Deus espera de seu povo, portanto não lhes causamos mal algum. Porque a tristeza que é da vontade de Deus conduz ao arrependimento e resulta em salvação. Não é uma tristeza que causa remorso. Mas a tristeza do mundo resulta em morte.

2Coríntios 7.8-10

O LADO NEGATIVO DA IRA

A ira, como já mencionamos, pode ser altamente destrutiva. Dependendo da direção em que é dirigida, pode ferir de diferentes maneiras. A *explosão de ira* acontece quando as energias emocionais são disparadas contra alguém e podem provocar reações idênticas, voltadas contra o primeiro a explodir. Há também a *implosão de ira*, em que o indivíduo se fecha dentro de sua irritação e a tensão é liberada contra si mesmo. Pode ocorrer também a *negação da ira*, quando em vez de enfrentar o motivo da irritação o irado nega que esteja com o problema, tentando adiar sua resolução. Ao ser arguido a respeito, geralmente a resposta é "Está tudo bem". O acúmulo de negações da ira pode gerar uma *explosão descontrolada* em um futuro próximo. Em todos esses casos, as energias emocionais são usadas destrutivamente, sem contribuir para a solução dos problemas.

Nossa irritação também pode ser resultado de não conhecermos todos os fatos que envolvem um problema. Devido à imperfeição humana, cada pessoa vê a situação de acordo com sua perspectiva, não se preocupando com os outros lados da questão. Como consequência, muitas vezes ficamos irritados com coisas que julgamos de maneira errada. Mas, de fato, elas não seriam consideradas assim se estivéssemos de posse de todos os dados. Sem dúvida podemos sentir-nos vulneráveis, ameaçados por críticas ou tornar-nos críticos por interpretar mal as atitudes dos outros e tirar conclusões precipitadas, negativas e injustificadas.

Não raro, a ira leva ao pecado. Isso fica implícito na já citada advertência do apóstolo Paulo: "E não pequem ao permitir que a ira os controle". O pecado desse tipo pode se manifestar de várias maneiras. Uma delas é a *vingança*. Amargura, ódio, represália e atitude crítica são resultados da ira, sendo todas essas atitudes condenadas nas Escrituras. A vingança pertence somente a Deus. Não existe nenhuma justificação bíblica para a represália ou a explosão da ira humana.

> Amados, nunca se vinguem; deixem que a ira de Deus se encarregue disso, pois assim dizem as Escrituras: "A vingança cabe a mim, eu lhes darei o troco, diz o Senhor".
> Romanos 12.19

> Livrem-se de toda amargura, raiva, ira, das palavras ásperas e da calúnia, e de todo tipo de maldade.
> Efésios 4.31

Não julguem para não serem julgados, pois vocês serão julgados pelo modo como julgam os outros. O padrão de medida que adotarem será usado para medi-los.

Mateus 7.1-2

Além da vingança, a ira pode se manifestar como um pecado por meio do *abuso verbal*. Os cristãos têm a responsabilidade de controlar suas palavras, mas isso é especialmente difícil quando estamos zangados. No Antigo Testamento, quem não se controla muitas vezes é descrito como insensato:

Quem tem entendimento controla sua raiva;
  quem se ira facilmente demonstra grande insensatez.

Provérbios 14.29

Quem se ira facilmente provoca brigas,
  mas quem tem paciência acalma a discussão.

Provérbios 15.18

O tolo mostra toda a sua ira,
  mas o sábio a controla em silêncio.

Provérbios 29.11

Há mais esperança para o tolo
  que para alguém que fala sem pensar.

Provérbios 29.20

A pessoa irada provoca conflitos;
  quem perde a calma facilmente comete muitos pecados.

Provérbios 29.22

No Novo Testamento, Tiago diz:

Entendam isto, meus amados irmãos: estejam todos prontos para ouvir, mas não se apressem em falar nem em se irar. A ira humana não produz a justiça divina.

Tiago 1.19-20

O ser humano consegue domar toda espécie de animal, ave, réptil e peixe, mas ninguém consegue domar a língua. Ela é incontrolável e perversa, cheia de veneno mortífero. Às vezes louva nosso Senhor e Pai e, às vezes, amaldiçoa aqueles que Deus criou à sua imagem. E, assim, bênção e maldição saem da mesma boca. Meus irmãos, isso não está certo!

Tiago 3.7-10

A ira também pode se manifestar como um pecado quando toma a forma de *falsidade*. A pessoa irada e magoada, que não tem coragem de aceitar o problema, pode recorrer a sutilezas e falsidades, tramar enganos e divulgar fofocas contra seu ofensor. O objetivo é "dar o troco", ferir, vingar-se, sem um ataque frontal. Jesus diz que nossa palavra tem de ser ou sim, ou não. Não há lugar para falsidades. O que passar disso é de procedência do diabo (Mt 5.37).

POSSÍVEIS CAUSAS DA IRA

Segundo o psicólogo Gary Collins, em seu livro *Aconselhamento cristão*,[1] uma das várias causas para a ira é a *injustiça*. Ela pode acontecer no sentido de indignação com a injustiça cometida contra outras pessoas, ou então contra o fato de sentir-se prejudicado injustamente. Outra causa comum para a ira é a *frustração*. Ela é um obstáculo que nos impede de alcançar um objetivo. Chegar atrasado a um compromisso, por causa de um pneu furado, pode causar-nos uma leve frustração. Mas perder a hora do vestibular ou ter uma doença grave pode nos levar a uma forte frustração, com reações claras de ira. Existe também a *ira aprendida*. Os meios de comunicação, bem como os *video games*, divulgam todo tipo de ira, descontrole e violência. Nossa memória capta essas informações e as reproduz nos momentos em que estamos irados.

AJUDANDO PESSOAS IRADAS

Você pode achar que não está preparado, mas Deus pode usá-lo na vida de algum amigo que está irado. Caso isso aconteça, lembre-se de sugestões como as que daremos a seguir. Primeiramente, você deve auxiliar a pessoa a *admitir* sua ira. Uma irritação que é negada jamais poderá ser eliminada. Muitas vezes, o mais difícil é ajudar a pessoa a reconhecer que está zangada. Mostre que a ira é uma emoção dada por Deus, mas que em algumas situações temos dificuldades em dominá-la. Cite alguns sinais da ira oculta, como depressão, queixas físicas, críticas, impaciência etc. Persistindo a negação de estar irado, verifique se o outro aceita ao menos a possibilidade de estar zangado.

O passo seguinte será considerar as *origens* da ira. Mesmo que continue a negação, pergunte: "O que deixa você tão zangado? Lembra alguma vez que ficou muito zangado?". Quando se reconhece que está irado, é mais fácil trabalhar as causas que motivaram essa irritação. O objetivo é conseguir a restauração da paz entre os implicados, bem como a paz com Deus.

A seguir, para ajudar uma pessoa irada, enfatize a necessidade de *humildade, confissão* e *perdão*. É uma experiência humilhante admitir que está zangado ou que perdeu o autocontrole. Mas a humildade é de fundamental importância para a resolução do problema. A Bíblia enfatiza que é preciso confessar os erros a Deus e às pessoas implicadas:

> Quem oculta seus pecados não prospera;
> quem os confessa e os abandona recebe misericórdia.
> Provérbios 28.13

> Mas, se confessamos nossos pecados, ele é fiel e justo para perdoar nossos pecados e nos purificar de toda injustiça.
> 1João 1.9

> Portanto, confessem seus pecados uns aos outros e orem uns pelos outros para serem curados. A oração de um justo tem grande poder e produz grandes resultados.
> Tiago 5.16

Se Deus nos perdoou de coisas tão mais graves, nós devemos, em relação às outras pessoas, perdoar e sermos perdoados.

> Que outro Deus há semelhante a ti,
> que perdoas a culpa do remanescente
> e esqueces os pecados dos que te pertencem?
> Não permanecerás irado com teu povo para sempre,
> pois tens prazer em mostrar teu amor.
> Miqueias 7.18

Além desses passos, ensine à pessoa irada a necessidade do autocontrole, um dos ensinamentos bíblicos. Devemos tirar de nossa vida a ira, a indignação, a maldade, a amargura e as desavenças.

> Mas agora é o momento de se livrarem da ira, da raiva, da maldade, da maledicência e da linguagem obscena.
> Colossenses 3.8

Livrem-se de toda amargura, raiva, ira, das palavras ásperas e da calúnia, e de todo tipo de maldade.

Efésios 4.31

O servo do Senhor não deve viver brigando, mas ser amável com todos, apto a ensinar e paciente.

2Timóteo 2.24

O QUE FAZER PARA PREVENIR A IRA?

A primeira atitude para prevenir esse mal é evitar situações e pessoas que se iram facilmente. Muitas amizades podem ser danosas e devem ser evitadas. Algumas pessoas com quem convivemos não servem exatamente como bons exemplos para nossa vida. Com o passar do tempo, acabamos copiando e assimilando alguns desses maus comportamentos. A Bíblia nos dá várias orientações a esse respeito, como:

> Não faça amizade com os briguentos,
>   nem ande com quem se ira facilmente,
> pois aprenderá a ser igual a eles
>   e colocará a si mesmo em perigo.
>
> Provérbios 22.24-25

Além disso, aprenda a avaliar a situação, tentando colher todos os dados. É grande a quantidade de pessoas que explodem, com uma reação intempestiva, mesmo sem ter todas as informações confirmadas sobre um problema. Muitas delas ficam envergonhadas com tais atitudes, quando logo a seguir os fatos trazem outras informações que as esclarecem, provando que aquela explosão foi desnecessária.

A ira também pode ser prevenida com a construção de uma boa autoestima. Existem aqueles que se sentem atacados, mesmo quando as outras pessoas não tentaram atingi-los. Isso acontece quando a autoestima está tão baixa que há uma fixação de perseguição imaginária. Não é real, mas a pessoa se sente menosprezada e parte para uma reação nervosa como autodefesa.

Um importante passo a seguir será evitar remoer os sentimentos negativos. Rememorar repetidamente situações estressantes não trará saúde nem para sua mente, nem para seus relacionamentos. Assim, vire essa página do livro de sua vida e escreva um novo e bonito capítulo. Não permita que o passado paralise suas ações. Faça *você* aquilo que é certo diante de Deus e dos homens. Daqui para a frente, deixe que o erro da outra pessoa seja acertado entre Deus e ela.

Aprenda a discordar por meio de uma comunicação equilibrada. Pessoas concordam em muitas situações, mas é perfeitamente normal pensarem de maneira diferente às vezes. Não devemos nos sentir atacados pessoalmente quando não concordam com algumas de nossas ideias. Crescemos como seres humanos quando discordamos civilizadamente, respeitando o pensamento alheio.

Para concluir, sugerimos que o irado se submeta ao controle do Espírito Santo. Ao sentir que está se irando com muita frequência, a primeira coisa a fazer é buscar a Deus e perguntar o que há de errado. Em alguns casos, o Espírito Santo o convencerá do que deve ser mudado. Outras vezes, o Senhor poderá usar pessoas para ajudá-lo, como conselheiros, amigos e até profissionais de saúde. Existem casos de ira que se tornam tão frequentes que requerem avaliação e acompanhamento médico. Podem ser sintomas de algum transtorno psicológico, somente detectado por um especialista. Lembre-se: a sabedoria e a compaixão divina também podem chegar até nós pelas mãos de um médico ou psicólogo.

ANALISANDO O EXEMPLO DE CAIM

A história do assassinato de Abel por seu irmão Caim é bastante conhecida. Quando procuramos entender o que aconteceu, por meio do comportamento daquele que cometeu o crime, identificamos alguns traços comuns a pessoas iradas através dos tempos. Caim era o filho mais velho e pode ter ocorrido o que é comum nesses casos: ele se ressentiu da divisão de atenções de seus pais quando nasceu seu irmão caçula, Abel, o que pode ter se estendido durante toda a infância.

Ao crescer, os irmãos buscam atividades diferentes, possivelmente explorando cada um suas maiores habilidades: Caim se tornou agricultor e Abel, um criador e pastor de ovelhas (Gn 4.2). Passados alguns anos, os irmãos decidem levar uma oferta a Deus. É bem provável que a intenção fosse agradecer a Deus tanto pela boa colheita quanto pelas ovelhas sadias que ajudavam a alimentar sua família.

Em Gênesis 4.3-4, notamos a diferença de atitude dos irmãos em relação às oferendas levadas: "No tempo da colheita, Caim apresentou parte de sua produção como oferta ao Senhor. Abel, por sua vez, ofertou as melhores porções dos cordeiros dentre as primeiras crias de seu rebanho". Caim trouxe apenas *uma oferta*, algo comum. Talvez igual à que teria dado à sua mãe ou ao seu pai, como um presente. Abel fez algo especial. Procurou o que havia de melhor dentre as ovelhas que pastoreava. Escolheu e pensou: "Esta é uma oferta apropriada para alguém tão especial!".

Possivelmente, o relacionamento que Caim desenvolvia com o Senhor era apenas formal. Abel demonstrou uma intimidade maior com o Criador. O Deus que olha a intenção do coração, muito mais que as ofertas, aceitou a dádiva de Abel e não a de Caim. Abateu-se sobre este último a inveja pelo sucesso do irmão. Manifesta-se em sua face uma ira extremamente negativa: "Caim se enfureceu e ficou transtornado" (Gn 4.5).

O desejo de vingança aparece e não é contido: "Caim sugeriu a seu irmão: 'Vamos ao campo'. E, enquanto estavam lá, Caim atacou seu irmão Abel e o matou" (Gn 4.8). Ao ser confrontado por Deus, torna-se mentiroso e sarcástico: "Então o Senhor perguntou a Caim: 'Onde está seu irmão? Onde está Abel?'. 'Não sei', respondeu Caim. 'Por acaso sou responsável por meu irmão?'" (Gn 4.9).

Deus lhe revela que tudo sabe e que o sangue de seu irmão "clama a mim da terra" (Gn 4.10). O Senhor lhe dá uma punição que teria de levar por toda a sua vida. Ao ouvi-la, Caim se faz de vítima: "Meu castigo é pesado demais" (Gn 4.13).

A maneira como o Criador trata o problema entre os irmãos desde antes do assassinato também merece referência. Ele dera alguns recados a Caim, como quando lhe perguntou: "'Por que você está tão furioso?', o Senhor perguntou a Caim. 'Por que está tão transtornado?'" (Gn 4.6). Note que Deus não perguntou "se" ele estava irado; ele afirmou isso e lhe perguntou qual era o motivo central daquela ira. O Senhor também afirmou que havia um meio para que Caim fosse aceito, da mesma maneira como Abel havia sido: agir corretamente e fazer o que era certo! "Se você fizer o que é certo, será aceito. Mas, se não o fizer, tome cuidado! O pecado está à porta, à sua espera, e deseja controlá-lo, mas é você quem deve dominá-lo" (Gn 4.7). Deus informa que o desejo de pecar era uma ameaça que tentaria cativar o seu coração. No entanto, a responsabilidade de dominar esse mal cabe a cada ser humano. Caim não deu ouvidos ao Senhor e deixou-se envolver pela ira, pela inveja e pelo desejo de vingança. Como consequência, tornou-se um criminoso dos mais famosos e conhecidos em todos os tempos.

O autor do livro de Hebreus afirma que, em Abel, Deus encontrou fé:

> Pela fé, Abel apresentou a Deus um sacrifício superior ao de Caim. Com isso, mostrou que era um homem justo, e Deus aprovou suas ofertas. Embora há muito esteja morto, ainda fala por meio de seu exemplo.
>
> Hebreus 11.4

Nesse sentido, o apóstolo Paulo confirma a maneira como todos nós devemos agir:

> Nunca paguem o mal com o mal. Pensem sempre em fazer o que é melhor aos olhos de todos. No que depender de vocês, vivam em paz com todos. Amados, nunca se vinguem; deixem que a ira de Deus se encarregue disso, pois assim dizem as Escrituras:
>
> "A vingança cabe a mim,
> eu lhes darei o troco,
> diz o Senhor".

Pelo contrário:

> "Se seu inimigo estiver com fome, dê-lhe de comer;
> se estiver com sede, dê-lhe de beber.
> Ao fazer isso, amontoará
> brasas vivas sobre a cabeça dele".

Não deixem que o mal os vença, mas vençam o mal praticando o bem.

Romanos 12.17-21

A ira é um sentimento, como a alegria, a tristeza ou o medo. Cada um deles tem seu aspecto negativo e positivo. Alegria demais é euforia. Muita tristeza leva à depressão. Um pouco de medo é prevenção; demais, é fobia. A ira controlada traz benefícios. O mau uso da ira é o descontrole que nos faz pecar e adoecer. Cumpre a cada um a responsabilidade de fazer bom uso dessa emoção.

Examine-se e responda com sinceridade:

- Como você tem lidado com sua ira?
- Tem conseguido se controlar de maneira saudável?
- Reprime seus sentimentos de raiva?
- Age de maneira hostil e tem explosões de temperamento?
- Considera que a ira que sente é culpa de outras pessoas?
- Coloca culpa em si mesmo por sentir ira e não conseguir se controlar?
- É ciente de que o controle de sua ira é uma responsabilidade sua?
- As pessoas que estão à sua volta se sentem bem com você ou vivem "pisando em ovos", por não saberem como estará seu humor?
- Uma atitude ou uma palavra mal-empregada é capaz de tirá-lo do sério ou deixá-lo de mau humor?
- Você costuma demonstrar sua ira com palavras hostis, ironia, sarcasmo, ofensas ou gritos?

O controle da ira é fundamental para o equilíbrio emocional. É preciso zelar por essa estabilidade em nossa vida. Reconhecer nossa dificuldade, sem minimizá-la ou alterá-la, é o primeiro passo para a cura. Assim como Deus falou a Caim sobre sua ira, ele hoje também nos exorta: "O pecado está à porta, à sua espera, e deseja controlá-lo, mas é você quem deve dominá-lo" (Gn 4.7). Como acontece com qualquer sentimento, devemos dominar a ira e não ser dominados por ela.

A percepção de como agimos em relação à ira é fundamental para seu uso correto. Um bom teste para saber se você está lidando bem com esse sentimento é perguntar a alguém de sua confiança sobre a avaliação que essa pessoa pode fazer de seu equilíbrio emocional. Caso consiga aguardar a resposta calmamente, parabéns: já começou bem o teste. Está conseguindo lidar positivamente com sua ira. Mas, se você começar a ficar inquieto quanto à indecisão da pessoa em responder, comece a lutar por seu equilíbrio emocional. Ore a Deus e busque ajuda!

8

SAIBA PERDOAR

A importância do perdão foi minimizada ao longo dos tempos, principalmente na cultura ocidental, que o relacionou por muito tempo apenas a questões de fé e religião. Valoriza-se mais a autonomia do indivíduo do que a vida comunitária, como um conceito de que "importa apenas o que eu penso", e também a ideia de que quem tem mais poder prevalece. Há mais interesse pela conduta do que pelo caráter. Acentua-se muito mais o progresso a qualquer preço do que o desenvolvimento responsável.

Na prática, o perdão vem se transformando em um valor marginalizado da convivência humana. Por isso, o mundo atual sofre com as consequências desses conceitos e está redescobrindo a necessidade de vivenciar o perdão em suas várias dimensões. Grande é a quantidade de profissionais de psicologia, em diversos países, que passaram a incluir em suas terapias a temática do perdão, devido às necessidades emergenciais de seus clientes.

O bispo anglicano sul-africano Desmond Tutu recebeu o Prêmio Nobel da Paz por sua luta contra o racismo em seu país. Juntamente com Nelson Mandela, Tutu foi responsável por salvar a nação de uma sangrenta guerra civil. A maioria negra foi oprimida, humilhada e subjugada, por dezenas de anos, pela minoria branca, que detinha o poder pela força das armas. Esses dois homens foram representantes emblemáticos daqueles que buscaram o caminho do entendimento e da paz.

Tutu afirmou em uma de suas mensagens: "Sem perdão não há futuro". De fato, sem perdão, o ressentimento cresce em nosso interior, transformando-se em hostilidade e raiva. O ódio consome nosso bem-estar, e por isso o perdão é um valor necessário para a continuação da existência humana. Essa não é uma verdade válida apenas para a África do Sul, mas uma realidade para todos os seres humanos em qualquer região do mundo.

APRENDIZADO QUE PRODUZ SERES HUMANOS MELHORES

No entanto, perdoar não é fácil. Há pessoas que já começam a sofrer só de pensar em voltar a se encontrar com quem tiveram problemas, imaginem pedir perdão (ou perdoar). Por toda a vida, esbarraremos em situações difíceis, algumas inimagináveis. Precisamos nos dispor a enfrentá-las e superá-las porque, enquanto vivenciamos tais circunstâncias, nós amadurecemos e aprendemos que não se deve desanimar diante dos problemas. Crescemos com as situações pelas quais passamos.

Assim também acontece com relação a aprender a perdoar. Existem momentos em que isso nos parecerá impossível. Mas ao encarar a necessidade de perdoar, como Deus descreveu na Bíblia, percebemos que o próprio Espírito Santo nos ajuda nesse processo. A prática de perdoar será um princípio que trará saúde para nós mesmos e para quem convive conosco. As dificuldades na área do perdão se estendem a diversas situações e ambientes, em cenas comuns que envolvam colegas de trabalho, o trânsito diário ou nossos familiares.

Imagine o caso de um vendedor que passou vários dias preparando uma venda muito grande para um cliente: sucessivas visitas, almoços, encontros, telefonemas. Até que, no momento de fechar a venda, um esperto colega de trabalho a conclui e pega para si toda a comissão. Além disso, esse colega ganha uma promoção, elogios e honrarias como "funcionário do mês", enquanto aquele que trabalhou duro por muitos dias não é sequer lembrado. Os dias passam e o que perdeu a venda tem de chegar toda manhã e dar "bom dia" ao colega aproveitador, que, por sua vez, mantém uma postura sarcástica. Perdoar uma pessoa assim é demais para nós!

Desavenças no trânsito também são difíceis de engolir, com toda a tensão que as pessoas enfrentam nas grandes cidades. São centenas de carros andando lado a lado, em estreitos espaços de ruas e avenidas. Muitos motoristas estão atentos ao próprio carro e à distância dos demais veículos. Mas há motoristas irresponsáveis, que forçam ultrapassagens, não respeitam a sinalização ou acostamentos. Nesse momento, é muito difícil relevar e não tentar revidar.

Agora pense em sua família. Como é difícil um filho adolescente perdoar um pai que foi injusto, humilhando-o perante seus melhores amigos. Já os pais ficam profundamente decepcionados com a atitude insana dos filhos. Tantos anos ensinando o que é o certo, sacrificando-se para lhes dar uma boa escola, mostrar valores corretos, investindo tempo, amor e lágrimas, preparando-os para serem pessoas dignas na sociedade. Esses pais também terão dificuldades em perdoar os filhos.

As brigas entre cônjuges são extremamente comuns e podem trazer marcas, más recordações e muitas dificuldades em perdoar. Para alguns, esquivar-se e não tratar do problema parece ser sempre o melhor caminho. São tantas as áreas em que somos confrontados a perdoar (ou pedir perdão) que aqueles que enfrentam e equacionam positivamente tais conflitos são valorizados como se fossem grandes sábios. No entanto, só fazem aquilo que todos deveriam estar fazendo.

CONSEQUÊNCIAS DA FALTA DO PERDÃO

Vários especialistas em terapia familiar, entre eles o notável escritor e psicólogo Jorge Maldonado,[1] consideram que o perdão é tão necessário que pode ser tido como uma das características mais importantes para determinar se uma família é realmente saudável. Os desentendimentos muitas vezes são inevitáveis. Mas a maneira com que essas pessoas "voltam às boas", se acertam e se perdoam mutuamente demonstra se existe saúde nesses relacionamentos.

Infelizmente, muitas são as famílias que fracassaram no diálogo e no perdão, com marido e esposa tendo dificuldades em se perdoar, filhos e pais não se entendendo, parentes que não frequentam o mesmo ambiente que outros etc. As atitudes de perdoar e de pedir perdão são vitais para o ser humano. Sua ausência produz consequências como:

- *Distanciamento entre as pessoas envolvidas.* É comum ficarmos constrangidos, quando estamos na presença de alguém com quem tivemos uma desavença. Não desejamos conversar com a pessoa e temos dificuldade até mesmo em olhar nos olhos dela. Dizem que os olhos são a janela para a alma. Na cultura indígena, por exemplo, é costume "olhar no fundo dos olhos" para identificar se alguém está falando a verdade ou não. Quando existe falta de perdão, é frequente a dificuldade em conseguir até mesmo olhar para a pessoa com quem se teve o problema.

- *Aprofundamento de mágoas.* A mágoa pode surgir, algumas vezes, de atitudes insignificantes ou de palavras que não foram devidamente compreendidas, os chamados mal-entendidos. Pequenos problemas de comunicação que, se fossem rapidamente esclarecidos com a prática do diálogo e a reunião de mais detalhes sobre algo que não foi interpretado corretamente, não teriam grandes consequências. Quando não são resolvidos, entendemos o que foi dito de maneira errada e fechamos a comunicação com o outro, criando desconfianças quase sempre sem fundamento.
- *Raízes de amargura.* Após a instalação da mágoa em nosso coração, a consequência natural é torná-la como uma daquelas raízes de árvores, que ficam próximas às calçadas das ruas. Elas crescem e crescem até arrebentar a calçada de concreto, com uma força incrível. A mágoa dentro de nós também é assim: cresce, cresce e nos deixa mais amargos e azedos. A carta aos Hebreus trata desta imagem: "Fiquem atentos para que não brote nenhuma raiz venenosa de amargura que cause perturbação, contaminando muitos" (Hb 12.15). Os estragos começam em nós, mas atingem outras pessoas, como os demais membros da família e os amigos, que ficam indecisos sobre que "lado" escolher. Se essas pessoas fizerem parte de uma só família, um grupo não suportará o outro. Se forem parte de um ministério, um grupo deixará a comunidade para formar outro. Daí a necessidade do perdão.

- *Doenças psicossomáticas.* Quando não há entendimento, a amargura aumenta e produz efeitos danosos na mente e no corpo. Então começam a aparecer dores que, mesmo sendo estudadas por especialistas, são inexplicáveis. Quando se procura o médico com uma queixa e os exames pedidos por ele estão "normais", é quase certo que o profissional lhe dirá: "Você anda se estressando muito com alguma coisa ultimamente?". Se seu médico lhe disser isso, a intenção dele é informar que você tem uma doença psicossomática, ou seja, algo que o está perturbando, que começou em sua mente (*psique*, no grego) e está trazendo efeitos para o seu corpo (*soma*, no grego). O rei Davi, após seduzir Bate-Seba e ser o responsável pela morte do marido dela, aborda esse assunto, traduzindo seu arrependimento em dois salmos bíblicos: o 32 e o 51. "Enquanto me recusei a confessar meu pecado, meu corpo definhou, e eu gemia o dia inteiro", expressa ele. "Finalmente, confessei a ti todos os meus pecados e não escondi mais a minha culpa. Disse comigo: 'Confessarei ao SENHOR a minha rebeldia', e tu perdoaste toda a minha culpa" (Sl 32.3,5).

ALERTAS DE JESUS SOBRE O PERDÃO

Sendo o Messias aguardado, Jesus foi chamado de "Príncipe da Paz" na profecia de Isaías 9.6: "Ele será chamado de Maravilhoso Conselheiro, Deus Poderoso, Pai Eterno e Príncipe da Paz". Um dos temas mais abordados nos três anos de seu ministério foi a paz entre Deus e a humanidade, bem como a paz entre as pessoas. A ausência do perdão é uma das maiores razões para os desacertos entre os seres humanos, gerando brigas, discórdias e conflitos. Um dos alertas dados pelo Senhor foi feito em Mateus 5.9: "Felizes os que promovem a paz, pois serão chamados filhos de Deus". Isso significa que, se você quer ser identificado como um verdadeiro cristão, deve promover a paz por onde andar. Seja pacífico e trabalhe a favor da paz. Aquele que perdoa quer pacificar.

Logo após ter ensinado aos discípulos a oração do Pai Nosso, Jesus faz mais um alerta: "Se vocês se recusarem a perdoar os outros, seu Pai não perdoará seus pecados" (Mt 6.15). Ou seja, o fato de não conseguirmos perdoar outros seres humanos afetará o nosso relacionamento com Deus

Muitos entraves ao perdão, quando avaliados friamente, poderiam ter sido "relevados". Fossem eles tratados pacífica e equilibradamente, nunca chegariam a provocar mágoas. O apóstolo Paulo nos diz em Efésios 4.26: "E não pequem ao permitir que a ira os controle. Acalmem a ira antes que o sol se ponha". Portanto, se tratássemos o motivo da ira antes de o dia terminar, não acumularíamos mágoas não resolvidas que às vezes se arrastam por toda uma vida.

CONSELHOS A QUEM VAI PERDOAR

1. *Não negue a dor que está sentindo, mas afaste-se dos extremos: trazer a culpa toda para si ou colocar toda a culpa na outra pessoa.* O objetivo não é menosprezar o que aconteceu. Houve um dano, uma perda, um mal que causou dor. Seu sentimento foi real e difícil de suportar. No entanto, lembre-se de que, em qualquer problema entre duas pessoas, haverá uma parcela de culpa para cada lado. Alguém pode ser a vítima e o outro pode ter 90% da culpa. Mesmo assim, a vítima muitas vezes reagiu

mal, ofendeu ou revidou. A vítima também deverá assumir seus 10% de culpa e pedir perdão.

2. *Libere a ofensa. Apague a dívida.* É comum conhecermos pessoas que dizem ter perdoado alguém e, depois de um tempo, voltam atrás afirmando que ainda não conseguiram fazê-lo verdadeiramente. Jesus ensinou algo em Mateus 7.12 que ajudaria muita gente a agir melhor, perdoando definitivamente uma falta. Ele diz: "Em todas as coisas façam aos outros o que vocês desejam que eles lhes façam". Isso quer dizer que se você se colocasse "na pele" do ofensor, gostaria de ser perdoado se assim pedisse. Fazendo uma aplicação prática da frase de Jesus, é como se ele afirmasse: "Se nesta situação você gostaria de ser perdoado, perdoe também a quem o prejudicou e, arrependido, vem lhe pedir perdão. Aja com ele como gostaria que ele agisse com você". Quantas guerras seriam evitadas se os povos obedecessem ao que Cristo falou!

3. *Entregue a vingança a Deus e à autoridade humana por ele estabelecida.* Há pessoas que apresentam uma reação extremamente negativa contra quem as prejudicou. O ódio é tamanho que acham que só conseguirão aplacá-lo planejando uma vingança que cause a mesma dor ou até uma dor maior do que a que sofreu. Uma das grandes diferenças que o cristianismo aplicou diz respeito à maneira de tratar o desejo de vingança.

O apóstolo Paulo afirma em Romanos: "Amados, nunca se vinguem; deixem que a ira de Deus se encarregue disso, pois assim dizem as Escrituras: 'A vingança cabe a mim, eu lhes darei o troco, diz o Senhor'" (Rm 12.19). Os cristãos daquela época teriam todos os motivos do mundo para se vingarem das crueldades do Império Romano. Muitos morreram, mas hoje, em Roma, existe uma capital que é símbolo do cristianismo. Quem você acha que ganhou essa guerra? Deus quer que deixemos a vingança com ele. Justamente porque ele tem caminhos e saídas que nosso ódio não permite encontrar.

4. *Corra para Jesus e troque seu fardo com ele.* Cristo disse em Mateus 11.28-30:

> Venham a mim todos vocês que estão cansados e sobrecarregados, e eu lhes darei descanso. Tomem sobre vocês o meu jugo. Deixem que eu lhes ensine, pois sou manso e humilde de coração, e encontrarão descanso para a alma. Meu jugo é fácil de carregar, e o fardo que lhes dou é leve.

Muitas são as pessoas que conservam mágoas antigas, como um "fardo pesado demais", e que estão absolutamente exaustas por mantê-las. Ano após ano, arrastam o problema sem encará-lo e tratá-lo. É preciso pedir a graça e o poder de Cristo para perdoar. Se nosso "fardo" está pesado, precisamos correr para a cruz de Cristo e "trocar de fardo" com ele.

Na prática, Cristo tratará de nosso problema (nosso fardo) e nos ajudará a administrá-lo. Deus iniciará um maravilhoso processo junto a você e a pessoa que causou a mágoa. Com relação a esta, o Senhor a cercará de situações que a lembrarão do problema que vocês tiveram, preparando-lhe o coração para um momento de reparação. Já você, o magoado, será preenchido pela paz de Deus, que fornecerá a segurança necessária para o momento em que houver uma confrontação. Então, o amor e a sabedoria de Deus invadirão seu coração para que possa perdoar com sucesso.

Por outro lado, caso haja uma confrontação e seu pedido de perdão tenha sido rejeitado, tranquilize o coração. Diante de Deus você fez sua parte. O Senhor continuará trabalhando no coração do outro, mas cada um tem seu "ritmo" e tempo de assimilar as coisas. No entanto, da parte de Deus, ele se alegrará de sua atitude e poderá lhe dizer: "Muito bem, meu servo bom e fiel. Você foi fiel na administração dessa quantia pequena, e agora lhe darei muitas outras responsabilidades. Venha celebrar comigo" (Mt 25.23).

Existe alguém a ser perdoado ou alguém a quem tenhamos de pedir perdão? Deus nos ajudará a fazê-lo, trabalhando em nós para nos dar "o desejo (de perdoar) e o poder" de realizar o perdão (Fp 2.13).

Casos reais da justiça de Deus

Em São Caetano do Sul, na grande São Paulo, em 31 de outubro de 1983, uma jovem senhora com uma criança nos braços foi pagar uma conta no banco. Era uma época em que não havia filas especiais e nem mesmo aquelas portas rotatórias à entrada dos bancos, com detectores de metal. Enquanto ela esperava para ser atendida, no meio de uma grande quantidade de pessoas, um grupo de bandidos armados entrou para assaltar a agência. Eles estavam bastante agitados e gritavam muito, visivelmente dispostos a tudo para conseguir o que queriam. Mandaram que todos permanecessem no chão, sem levantar a cabeça.

Diante de tantos gritos e empurrões, a criança assustada começou a chorar descontroladamente. Um dos bandidos ordenou que a mãe a fizesse parar de chorar, mas ela não conseguiu. O assaltante insistiu: "Faça ela calar a boca ou vai morrer!". A mãe desesperada tentou acalmar a criança, que chorava cada vez mais alto. O bandido agitado apontou a arma para a cabeça da criança no colo da mãe e disparou o gatilho. A bala varou a cabeça da criança e acertou o coração da mãe. Uma bala tirou duas vidas.

Após a chegada da polícia e a fuga dos bandidos, o pai daquela criança, que estava trabalhando, foi chamado e veio imediatamente. Quando entrou no banco e viu sua família morta, desabou em choro incontido. Amparado por policiais, foi saindo em direção à rua onde estava uma multidão de repórteres e outros curiosos. O repórter de uma emissora de tevê se aproximou e perguntou, como de hábito: "Como o senhor se sente nesse momento?". O homem reuniu forças e, chorando, respondeu que não havia como avaliar a tristeza em seu coração diante daquela tragédia. Mas afirmou que perdoava o assassino de sua esposa e filha. Só conseguia perdoá-lo porque um dia havia entregado seu coração a Jesus. E, como um verdadeiro cristão, gostaria que um dia esse marginal também entregasse a vida a Cristo, pois assim pararia de fazer maldades como a que fez. Isso mudaria completamente o rumo de sua vida.

A fala desse homem foi retransmitida por várias emissoras, e em uma de suas muitas repetições ela foi ouvida pelo bandido, que deve ter pensado: "De que mundo é esse crente? Eu mato a família dele e ele ainda diz que me perdoa?". Tempos depois, o bandido foi preso e cumpriu uma pena de vários anos. Na penitenciária onde ficou, foi evangelizado, converteu-se e foi discipulado biblicamente. Hoje já está fora da cadeia: é um evangelista que está ganhando centenas de pessoas, arrancando-as das drogas e do crime, testemunhando o poder transformador que só Jesus Cristo pode operar. Seu nome é José Paulo Ventura, outrora conhecido como Paulinho Bang Bang.

(Relatado no livro *Das trevas para luz*.[2])

Corrie ten Boom (1892–1983) foi uma holandesa cristã que viu seu país ser invadido pelos nazistas durante a Segunda Guerra Mundial e negou-se a entregar judeus para a tortura dos campos de concentração. Salvou a vida de muitos deles ao escondê-los dos soldados alemães na própria casa. Foi presa e levada com sua família para um campo de prisioneiros na Alemanha. Toda a sua família foi morta, e apenas ela sobreviveu.

> Com o fim da guerra, em uma viagem, Corrie encontrou um dos soldados mais cruéis do campo em que estivera presa. Ele havia sido um dos responsáveis pela morte de sua irmã. Segundo Corrie, muitas coisas vieram à sua mente naquele momento, mas buscando a presença de Deus ela pensou: "Cristo morreu por este homem; posso exigir mais? Senhor, não consigo perdoá-lo. Dá-me o teu perdão". Assim que apertou a mão dele, foi invadida como nunca ocorrera antes pelo grande amor de Deus. Não trocaram palavras, mas aquele gesto era como se dissesse: "Se Deus o perdoou, eu não posso condená-lo. Vá em paz!".
>
> Corrie disse que se encontrou com várias vítimas da brutalidade nazista, e os que mais facilmente perdoaram foram os que conseguiram reconstruir a vida. A vingança feita por Deus recupera pessoas; a dos homens, apenas dá continuidade ao ódio.
>
> (Relatado no livro *O refúgio secreto*.[3])

DESCULPAS PARA NÃO PEDIR PERDÃO

Usamos vários mecanismos de defesa na forma de argumentos para não encontrarmos aqueles que nos magoaram. E como existem desculpas "criativas"! O compositor Guilherme Kerr Neto, em seu livro *Consciência limpa*,[4] fornece uma lista de desculpas, a qual tomamos como base. Uma atitude reconciliadora revela amadurecimento, facilitando a prática do perdão.

- *A ofensa foi pequena demais.* Minimizar ou desprezar o problema não é a solução, pois a realidade é que você se lembra constantemente do que aconteceu. Esse mecanismo de defesa é muito usado, mas geralmente acaba em "explosão emocional", pois se acumula uma série de pequenas dificuldades não tratadas ou

deixadas de lado, até que seus efeitos vêm à tona, todos de uma vez. É melhor remediar o quanto antes.
- *Ninguém se lembra mais; aconteceu há muito tempo.* Você se lembra e Deus também; e isso basta. A verdade é que o tempo não cura nossas feridas. Perdoar ou pedir perdão é uma decisão a ser tomada. Foi assim que Jacó agiu em relação a seu irmão, Esaú. Na juventude, Jacó havia enganado seu pai, Isaque, conseguindo um benefício que era por direito de seu irmão. Os dois brigaram e Esaú só não matou Jacó porque este conseguiu fugir. Muitos anos se passaram e, quando finalmente se reencontraram, Jacó mostrou humildade e deferência e acertou-se com Esaú (Gn 33.1-4).
- *O outro estava mais errado que eu.* De certa maneira, já tratamos desse tipo de atitude em alguns parágrafos anteriormente. O Senhor quer que façamos o acerto de nossa parte do problema. Mesmo que sua parcela de erro seja menor, você contribuiu para o que aconteceu e por isso deve pedir perdão. Não se preocupe com a parcela de erro da outra pessoa, pois "cada um de nós será responsável por sua vida diante de Deus" (Rm 14.12).
- *As coisas têm melhorado entre nós.* Você só está adiando a solução do problema, pois se não é tratada a base, a raiz, essa será uma reconciliação superficial, contando possivelmente com uma boa dose de falsidade. Sempre existirá a possibilidade, no futuro, de novas acusações serem levadas à tona.
- *Não adianta, não vão me entender.* Essa possibilidade existe, mas quando estamos verdadeiramente arrependidos e somos honestos e humildes ao reconhecer o que houve, em geral, após um primeiro momento

de choque e decepção, há o início do caminho para o perdão. Algumas perdas serão inevitáveis, mas sua consciência poderá finalmente ficar em paz.
- *Envolve um dinheiro que eu não tenho.* Quando Jesus transforma uma vida, seus valores mudam. Até em relação ao uso do dinheiro. Lembre-se do caso de Zaqueu. Ele era um cobrador de impostos que se apropriava de parte do que arrecadava. A ação transformadora do evangelho em sua vida o levou a restituir a quem ele havia lesado (Lc 19.1.10).
- *Não sei onde aquela pessoa está vivendo agora.* Mas você pode tentar encontrá-la. Caso não consiga falar com ela pessoalmente, tente por telefone, *e-mail*, redes sociais etc. Faça sua parte. Se não conseguir, ore colocando diante do Senhor sua disposição de acertar o problema o mais rápido possível. Muitas vezes, Deus age sobrenaturalmente, fazendo com que encontremos a pessoa quando menos imaginamos.
- *Estou esperando a hora certa.* Adiar a solução do problema só piorará a situação. Em Hebreus 3.7-8, a Bíblia declara: "Por isso o Espírito Santo diz: 'Hoje, se ouvirem sua voz, não endureçam o coração'". O tempo de ouvir a ordem de Deus é hoje! Não podemos continuar com o coração endurecido. Lembre-se do ditado: "Não deixe para amanhã o que pode fazer hoje".
- *Nunca mais farei isso.* Comprometer-se em não agir como antes não cura as marcas deixadas pelo que já se fez. Disposição de melhorar não limpa a consciência, não alivia a culpa, não resolve o pecado e não apaga a ofensa.

PASSOS PARA DESENVOLVER UM PEDIDO DE PERDÃO

Em primeiro lugar, *ore e peça a Deus para mostrar a quem você deve perdoar ou pedir perdão*. Não importa quantas pessoas sejam: faça uma lista com os nomes e verifique como você pode encontrá-las para, no momento apropriado, conversar sobre o que houve entre vocês.

Segundo, *reflita sobre as palavras que vai usar*. O objetivo não é reviver o momento que causou a mágoa; a intenção é pedir perdão por sua parte no que aconteceu. Assim, resuma o que tem a dizer. Uma boa sugestão seria: "Eu estava errado(a). Peço que me perdoe. Você me perdoa?".

Terceiro, *não envolva outras pessoas, a não ser que a ofensa tenha sido pública*. É muito fácil pessoas que nada têm com o caso reduzir seu pedido de perdão ao nível de uma "fofoca". Lembre-se do que orienta a passagem de Provérbios 25.9: "Quando discutir com o próximo, não revele os segredos de outra pessoa".

Quarto, *não se justifique e não entre em detalhes*. Provérbios 10.19 declara: "Quem fala demais acaba pecando". Ou seja, não "enrole" e não queira se justificar. Resista à tentação de se defender, pois você está ali para pedir perdão.

Por fim, *desfrute de uma consciência limpa*. "Consciência limpa" é a imagem que tem ao deitar a cabeça no travesseiro a pessoa que já perdoou a todos os que a ofenderam e que já pediu perdão a quem ofendeu. Trata-se de uma prática insistentemente apontada na Bíblia:

> Por isso, procuro sempre manter a consciência limpa diante de Deus e dos homens.
>
> Atos 24.16

Podemos dizer com certeza e com a consciência limpa que temos vivido em santidade e sinceridade dadas por Deus. Dependemos da graça divina, e não da sabedoria humana. É dessa forma que nos temos conduzido diante do mundo e, especialmente, em relação a vocês.

2Coríntios 1.12

O alvo de minha instrução é o amor que vem de um coração puro, de uma consciência limpa e de uma fé sincera.

1Timóteo 1.5

Mantenham sempre a consciência limpa. Então, se as pessoas falarem mal de vocês, ficarão envergonhadas ao ver como vocês vivem corretamente em Cristo.

1Pedro 3.16

Amigo leitor, o perdão fará você desfrutar essa boa consciência descrita ao longo das Escrituras. Isso trará saúde para seu corpo, para sua alma e para seu espírito, e melhorará seu relacionamento com as pessoas. Mostrará a importância de caminhar para o bom senso, o equilíbrio e o domínio próprio. Um mundo que vive a prática do perdão certamente terá menos crises, menos guerras e será muito mais saudável.

9

RESOLVAM SEUS CONFLITOS

O casal que busca conhecer melhor a Deus anseia por vivenciar os princípios descritos na Bíblia. Caminhando e aprendendo com Jesus diariamente, marido e mulher terão suas atitudes transformadas aos poucos. Consequentemente, até o modo como discutem mudará. Suas divergências passarão pelo caminho da exposição das ideias e do entendimento sobre o ponto de vista do outro.

No entanto, a realidade de muitos casamentos é bem diferente. As discussões são recheadas de agressões verbais, físicas e psicológicas. Quando se chega a esse nível de comportamento, é necessário parar e retornar ao caminho do arrependimento, do diálogo e do perdão. Além disso, deve-se assumir o compromisso de abolir esse comportamento ofensivo no futuro.

É possível lidar com as diferenças de maneira sadia, envolvendo diferentes modos de ver um problema. Como seres humanos distintos, os cônjuges podem perfeitamente divergir. O que precisam é aprender a conversar sobre suas divergências como pessoas maduras, e não como crianças que não suportam que se discorde delas.

Veremos a seguir algumas maneiras de discutir de forma produtiva e em alto nível.

EXISTE BASE BÍBLICA PARA BRIGAR?

É claro que, se quisermos achar uma passagem nas Escrituras dizendo *não brigarás com teu cônjuge*, nunca iremos encontrar. Porém, existem textos que nos esclarecem sobre como devemos reagir, quando palavras ou atitudes más nos atingem:

> Nunca paguem o mal com o mal. Pensem sempre em fazer o que é melhor aos olhos de todos. No que depender de vocês, vivam em paz com todos. Amados, nunca se vinguem; deixem que a ira de Deus se encarregue disso, pois assim dizem as Escrituras:
>
> "A vingança cabe a mim,
> eu lhes darei o troco,
> diz o Senhor".
>
> Pelo contrário:
>
> "Se seu inimigo estiver com fome, dê-lhe de comer;
> se estiver com sede, dê-lhe de beber.
> Ao fazer isso, amontoará
> brasas vivas sobre a cabeça dele".
>
> Não deixem que o mal os vença, mas vençam o mal praticando o bem.
>
> Romanos 12.17-21

Essa passagem traz a ideia de não pagar o que lhe fizeram na mesma moeda, mas surpreender com a atitude de buscar a paz, retribuindo o mal com o bem. Essa estratégia da surpresa também é apresentada em Provérbios 15.1:

> A resposta gentil desvia o furor,
> mas a palavra ríspida desperta a ira.

Em Efésios 4.26, o apóstolo Paulo escreve:

E "não pequem ao permitir que a ira os controle". Acalmem a ira antes que o sol se ponha.

O objetivo aqui é de não deixar terminar o dia sem ter resolvido o motivo da briga. O acúmulo de problemas não conversados e mal resolvidos, ou mesmo daqueles que são adiados indefinidamente, tem sido o motivo da falta de saúde de muitos casamentos.

Algumas pessoas poderão dizer: "O quê? Resolver uma discussão no mesmo dia? É impossível na prática. Há dias em que preciso esfriar a cabeça por um longo tempo antes de poder conversar sobre o que aconteceu...". Durante muito tempo, eu, Sergio, também pensei assim. Mas algo aconteceu que me fez mudar de ideia. Ao terminar o curso de arquitetura, decidi estudar teologia para me tornar um pastor em tempo integral. Não tinha dúvidas de que Deus estava me convocando para esse desafio. Quando fui me inscrever na faculdade teológica, senti em meu coração o Senhor dizendo:

— Ótimo que você esteja animado para fazer o meu trabalho! Antes de fazê-lo, porém, precisa consertar algumas coisas em sua vida. Vá pedir perdão a quem você prejudicou. Da mesma maneira, perdoe as pessoas que lhe fizeram mal, causando mágoas que você carrega até hoje.

Respondi:

— Senhor, o que tem a ver o meu desejo de servir-te com eu ter de pedir perdão e perdoar?

Ao que ele me respondeu:

— Com que autoridade você irá falar às minhas ovelhas? Para poder exortá-las a se perdoarem mutuamente, você primeiro deve ter perdoado a quem o prejudicou. Faça o seu dever de casa e terá moral suficiente para mandá-las fazer o delas.

Preparei então uma lista de nomes de pessoas com que eu deveria me encontrar a fim de acertar as coisas. Não era um número assombroso, mas uns cinco ou seis casos que perturbavam minha consciência. Com algumas pessoas eu não tinha contato fazia anos! Mesmo assim, esforcei-me para arranjar os endereços ou telefones novos. Conversei com todos, seja para pedir perdão, seja para dizer que os perdoava. Ao terminar de falar com a última pessoa, senti-me leve. Parecia que haviam saído das minhas costas umas seis toneladas de peso. Estava tão bem que parecia estar flutuando no espaço, como um astronauta pulando na lua sem os efeitos da gravidade!

— Senhor, isso é bom demais! Nunca me senti tão leve na vida!

E pude ouvir de Deus:

— Eu não fiz você para viver carregando seis toneladas de peso nas costas. Criei você para ficar leve, como está agora. Se você tivesse acertado seus problemas com os outros antes, estaria desfrutando dessa leveza há muito mais tempo!

Depois disso, estabeleci o propósito de tentar sempre acertar meus problemas com os outros antes de terminar o dia. Nessa época, Magali e eu éramos apenas namorados, e a possibilidade de brigar era menor. Depois que nos casamos, porém, as oportunidades de discutir e divergir sobre os problemas aumentaram tremendamente. Várias vezes, brigávamos e passávamos o dia inteiro de cara virada um para o outro. À noite, quando íamos para a cama, trocávamos um frio "boa noite" e virávamos para o outro lado. Então Deus me confrontava: "Levante já desta cama e vá conversar com ela! Você não se comprometeu comigo a resolver seus problemas antes de terminar o dia?". Depois disso, eu sentava na cama e dizia: "Magali, preciso falar com você. Não gostei do que aconteceu hoje...", e falava tudo o que precisava. Ela respondia e retrucava e, depois de mais ou menos meia hora de diálogo, nós nos acertávamos.

Nem sempre havia clima para beijinhos após as discussões, pois algumas situações eram mais tensas. Mas a certeza do perdão e a satisfação por termos nos acertado faziam com que dormíssemos realmente em paz. No dia seguinte, os beijos vinham em dobro e com um sabor muito melhor!

Essa prática de resolver as questões no mesmo dia trouxe saúde para nosso relacionamento. Talvez por isso pudemos comemorar trinta anos de casados com desejo de vivermos um com o outro pelo menos por mais trinta! É verdade que houve diversos problemas que não conseguimos acertar no mesmo dia. Foram ocasiões em que o assunto era mais delicado ou a situação mais tensa, e precisávamos de mais alguns dias para esfriar a cabeça. Aos poucos, voltávamos a conversar e nos acertar. Mas foram realmente exceções: no espaço de trinta anos, aconteceram umas dez vezes apenas. É uma boa média.

O problema é viver dessas exceções, o que faz com que, além de não se experimentar o que a Palavra de Deus orienta, se acumulem tensões, frustrações e decepções diárias, próprias desse modo de agir.

DEVEMOS ESCOLHER NOSSAS BATALHAS

Ninguém aguenta viver ao lado de pessoas que brigam toda hora e por qualquer motivo, sejam homens ou mulheres. Até a Bíblia nos alerta sobre isso:

É melhor viver sozinho no canto de um sótão
que morar com uma esposa briguenta numa bela casa.
Provérbios 21.9

O servo do Senhor não deve viver brigando, mas ser amável com todos, apto a ensinar e paciente.
2Timóteo 2.24

Há pessoas que discutem por pequenas bobagens. Isso promove um desgaste emocional desnecessário. Conhecemos um casal que se desentendia por causa da posição do rolo de papel higiênico: o marido queria que a folha caísse por cima do rolo e a esposa não se incomodava com isso. Outro casal discutia porque um deles sempre se esquecia de tampar a pasta de dente. Assim, o casamento se torna um tormento.

Precisamos selecionar bem as batalhas que devemos lutar. Devemos discutir assuntos que sejam vitais à família, como:

- *Valores éticos.* Se um dos cônjuges, por exemplo, está querendo fazer algo questionável ou ilegal, vale a pena discutir, pois a ação de um deles poderá ter consequências para toda a família.
- *Valores morais.* A suspeita de alguma infidelidade, a discordância sobre o comportamento ou o discurso de um dos cônjuges também são motivos justificáveis para uma boa conversa.
- *Criação de filhos.* Um cônjuge considera importante dar limites às crianças e outro quer que eles não tenham a mesma repressão que seus pais lhe impuseram no passado. A conversa desses pais deve levar a um acordo.

O mesmo se aplica a outros temas que o casal julgue ser de extrema importância. Eles devem ser discutidos de maneira madura para que se chegue a um acordo. Alguns problemas, no entanto, devem ser minimizados, deixados de lado, relevados. Para decidir quando você deve fazer isso, vamos sugerir um procedimento em três etapas.

1. *Ouvir.* O marido (ou a esposa) falou algo que o outro não gostou, deixando-o tremendamente irritado.
2. *Analisar.* Antes de explodir com o parceiro, tome a atitude de pensar: "Por que ele(a) está falando assim comigo?". Muitas vezes você percebe alguma razão, como estar preocupado com uma possibilidade de demissão na empresa, por exemplo.
3. *Decidir.* Feita a análise da etapa anterior, temos condições de chegar a uma de duas conclusões sobre o que fazer com o assunto em questão. A primeira é *relevar*, ou seja, perdoe! Todos nós passamos por momentos difíceis e falamos ou agimos de modo a nos arrepender depois. Se o outro está em uma situação infeliz, a colaboração que você pode dar agora é não permitir que ele se estresse com mais um problema. A segunda conclusão é *não relevar*: caso tenha ocorrido a mágoa, então esse é um caso para ser conversado, se possível, antes de terminar o dia, como já mencionado. Não há como relevar o problema. Entretanto, muitas das situações podem e devem ser relevadas ou minimizadas, pelo bem do casal.

Quando o assunto for crucial, vale a pena discutir, mas isso deve acontecer em alto nível. Nossas conversas podem ser positivas (quando as resolvemos por meio do diálogo) ou negativas (quando nivelamos para baixo nossa comunicação). Caso venham a "brigar", cuidado: controlem suas explosões e lembrem-se de que depois terão de pedir perdão. Assim, quanto maior for o descontrole, maior será a dificuldade para se desculpar depois.

REGRAS PARA UMA DISCUSSÃO EM ALTO NÍVEL

Precisamos caminhar, gradativamente, para um comportamento maduro, impondo algumas regras para a discussão de nossas divergências. Será que seus problemas conjugais estão sendo resolvidos como em uma briga de rua em que vale tudo, desde puxão de cabelo a xingamentos escabrosos? Vamos sugerir alguns princípios para que as brigas do casal tenham um nível mais elevado:

1. *Não use a estratégia de "dar um gelo" no outro*

Alguns casais já começam suas discussões logo que acordam e vão se estranhando no decorrer do dia. É comum um dos cônjuges guardar silêncio, "dando um gelo" no outro, a fim de manifestar sua raiva e seu descontentamento. Essa atitude raramente tem o resultado que se espera e acaba por complicar a situação que já não está boa. O objetivo desse comportamento é ferir ou frustrar o outro com desprezo e humilhação. Alguns usam o silêncio como uma barganha, dizendo: "Se não fizer o que eu quero, não volto a falar com você". Isso nada mais é que chantagem.

A primeira regra para discutir em alto nível é afastar-se desse modo de agir. Havendo acordo sobre esse princípio, o entendimento fica mais fácil. Vocês só conseguirão se acertar quando ouvirem o ponto de vista um do outro. Ao usar a prática do silêncio, o conflito nunca será resolvido.

2. Não acumule irritação

As discordâncias devem ser acertadas à medida que surgem. Casais que mascaram seus sentimentos e deixam o sofrimento crescer e se acumular poderão presenciar vexames e explosões inesquecíveis. Uma resposta irônica ou rude a uma pergunta simples, tanto da parte do marido quanto da mulher, pode ser um indício de que o cônjuge está acumulando irritação.

O ser humano tem seus limites e eles precisam ser respeitados. Quando deixamos acumular aquilo que precisa ser acertado, bombardeamos nosso próprio corpo com os efeitos maléficos daquilo que nos perturba. Segurar a ira indefinidamente sem esclarecer os problemas poderá gerar doenças psicossomáticas, das quais já tratamos anteriormente, como problemas de coração, derrames cerebrais, úlceras gástricas etc. Essas são algumas das consequências de não agirmos preventivamente, acertando nossas diferenças uma a uma, à medida que forem surgindo.

3. Cuidado com o lugar em que ocorrerá a discussão

Alguns casais não têm o menor problema em brigar na frente dos outros. Podem estar andando na rua ou em um ambiente fechado que não faz diferença: gritam como se não houvesse ninguém por perto. Ao serem alertados sobre o ocorrido por amigos próximos, respondem: "Ninguém tem nada com a minha vida!". Essa justificativa é um engano, pois as discussões conjugais são coisas íntimas e devem ser acertadas particularmente, nunca em público. Os efeitos da briga afetam quem está perto — muitas vezes, os filhos do casal.

Os psicólogos dizem que, até os cinco primeiros anos de vida, a criança está formando a base de sustentação para seu caráter. Agora, imagine aquele menino que cresce presenciando as brigas dos pais. Em sua mente infantil, ele pensa: "Olha, o papai deu um tapão na orelha da mamãe! Xiii, agora é a mamãe que empurrou o papai da escada!". Como vocês acham que essa criança agirá daqui por diante? Certamente ela copiará as atitudes de seus pais. É muito provável que nos próximos meses esses pais sejam chamados pela diretora da escola para uma conversa sobre o comportamento do filho.

É preciso escolher bem o momento e o lugar em que vamos discutir nossas divergências. Se você já analisou o problema e viu que ele não pode ser relevado, será realmente necessária a conversa entre o casal. Assim, verifique o melhor dia e o horário apropriado para esse encontro.

O local, de preferência, deverá ser em sua casa, sem os filhos por perto: deixe-os brincando com um amigo ou parente enquanto vocês conversam. Desliguem o telefone e o celular para não serem interrompidos. Entrem no quarto e fechem a porta e talvez até as janelas, para que o som não escape. Mantenham um volume de voz que não possa ser ouvido pelos vizinhos — eles não precisam saber de suas brigas. No futuro, dificilmente essas pessoas irão querer frequentar os mesmos lugares que vocês, inclusive a mesma igreja, já que duvidarão das coisas boas que Deus possa fazer na vida do casal.

4. Esqueça os ataques pessoais e volte ao problema

Podemos discordar de ideias sem rejeitar ou humilhar as pessoas que as evocam. Entretanto, é tão comum assistirmos a discussões conjugais com ofensas mútuas, como: "Só uma pessoa ignorante como você para ter uma opinião dessas!". Ou seja, não apenas se discorda da opinião do outro, mas também o humilha ao chamá-lo de ignorante.

Não há explicação justificável para esse baixo nível de tratamento. Quem está ofendendo seu parceiro gostaria de ser ofendido assim por alguém? Certamente que não. Precisamos lembrar o que disse Jesus no Sermão do Monte: "Em todas as coisas façam aos outros o que vocês desejam que eles lhes façam" (Mt 7.12). Ele quis dizer que devemos tratar os outros da mesma maneira que gostaríamos de ser tratados por eles. Você gostaria de ser humilhado por alguém? Então, não humilhe ninguém.

Reforce as acusações com fatos, não com suspeitas ou boatos. Enquanto não tiver provas convincentes, não adiantará fazer um questionamento radicalizando a posição. Será sempre a palavra de um contra a do outro, momento em que será levantada a hipótese de uma difamação. Espere o momento certo, com provas suficientes das denúncias, para aí sim fazer a confrontação.

Algumas pessoas, quando percebem que estão em desvantagem na discussão, passam a acusar o outro de problemas do passado. Na falta de argumentos, repense: não traga de volta assuntos que você muitas vezes já disse que haviam sido perdoados. O mesmo acontece quando se acabam os argumentos, partindo para os ataques pessoais. Por exemplo, não critique a aparência do outro. Isso não tem nada a ver com o assunto.

5. Informe seus sentimentos sem ferir o outro

Há pessoas que vão acumulando seus descontentamentos até não aguentarem mais. Uma hora se descontrolam e falam de uma só vez tudo o que nunca falaram. É como jogar uma pedra em uma vidraça: não há como voltar atrás, a pedra atingirá o vidro e o fará em pedaços. Entretanto, mais tarde, chegará o arrependimento.

Caso você esteja tão tenso com a situação que não consegue conversar equilibradamente sobre o problema sem cair no choro, uma boa sugestão é escrever uma carta ou um *e-mail*. Coloque apenas os pontos principais a serem discutidos pessoalmente, como se fosse o resumo da conversa. Espere um momento apropriado, entregue a carta ou envie o *e-mail* e diga: "Eu me expresso melhor escrevendo, por isso coloquei alguns tópicos principais sobre os quais precisamos conversar. Gostaria que você lesse toda a mensagem e, depois disso, que avaliássemos juntos item por item".

Descubra a melhor maneira, aquela com a qual você se sentir mais à vontade, para informar o outro acerca de seus sentimentos, sem feri-lo ou magoá-lo. Vocês podem estar passando por um problema, mas o mundo não acaba por causa disso. Não pense em desestruturar a pessoa que você ama.

6. Mantenha o foco na solução do problema

Ninguém aguenta ficar discutindo por muito tempo. Isso produz um desgaste emocional imenso, sem contar o abatimento físico e espiritual. Quanto mais rápidas e curtas forem as discussões, melhor. Para isso, devemos ser o mais direto possível na solução das divergências. Mantenha o foco da discussão no problema central da discordância.

Não acrescente assuntos novos à atual discussão. É bem melhor acontecerem várias conversas rápidas e leves, cada uma separada da outra pelo espaço de alguns dias. Não adianta nada haver poucas brigas se vocês as tornam cada vez mais longas, tensas e explosivas. Tentem sempre ter em mente o motivo exato que os levou a começar a discussão e não fujam desse tema. Quanto mais derem voltas, mais se perderão do caminho para as soluções.

7. Faça críticas construtivas

Ao criticar o cônjuge, você consegue oferecer uma tentativa para solucionar o problema? Não há nenhum proveito em apenas apontar o erro, lamentar-se por ele e não tirar lições para não fracassar novamente no futuro. Perturbar o cônjuge ao apontar suas falhas só o desanimará e o colocará cada vez mais para baixo, justamente quando ele precisa ser incentivado a reagir.

De nada adiantará ficar ofendendo o cônjuge caso, por exemplo, ele tenha insistido em abrir um negócio que não foi bem-sucedido. Se continuarem a se humilhar mutuamente, além de perderem o dinheiro que investiram, vão perder a amizade e a vontade de lutar juntos para sair do problema. Por toda a vida, um casal é sócio em muitos empreendimentos. Perante a lei, em várias ocasiões, eles respondem juntos por erros e acertos. Uma vez que isso é uma verdade perante a justiça, marido e mulher devem se encarar como participantes de uma mesma empresa. Portanto, será muito produtivo se aprenderem, juntos, com possíveis fracassos e buscarem ajuda para novos projetos que venham a realizar. Em vez de críticas destrutivas, façam observações positivas, buscando um futuro cada vez melhor.

8. Cuidado com exageros e generalizações

Casais nervosos e estressados não raro usam expressões exageradas, como "você nunca..." ou "você sempre...". É evidente que generalizações desse tipo irritam demais quem é atingido por elas. "Você nunca me amou!" Como? Vocês estão casados há quinze anos e nunca se amaram? É óbvio o exagero. A palavra "nunca" envolve a totalidade do tempo. Será que seu cônjuge de fato nunca manifestou amor? Claro que vocês serão mais equilibrados e verdadeiros se disserem: "Nesses anos em que vivemos juntos, muitas vezes eu não me senti amado(a) por você". Assim está melhor. Você terá demonstrado sua insatisfação sem acender a ira da outra pessoa, que certamente teve muitos momentos reais de amor.

Outro exemplo de generalização é: "Você sempre foi um(a) chato(a)!". Como pode a pessoa ser tão chata se o casal está junto há tantos anos? Certamente tiveram tempos agradáveis também. Já pensou na possibilidade de ter sido você o culpado pelo outro ter se tornado "um chato"? Mas sua reclamação usou a palavra "sempre", que novamente envolve a totalidade do tempo. A expressão será mais próxima da realidade se disser: "Há muito tempo você não é tão descontraído(a) e divertido(a) como era no início do casamento. O que aconteceu?". Pronto! Você está sendo verdadeiro(a) e ao mesmo tempo está manifestando seu descontentamento, sem deixar de reconhecer a fase boa que existiu, mesmo com curta duração.

9. Não use o humor na hora da briga

O humor é maravilhoso e tem o poder de aliviar as tensões, mas quando usado de maneira infeliz pode aumentar a tensão.

O momento de acerto conjugal certamente não é apropriado para piadas. É quase certo que elas não serão compreendidas ou então serão mal interpretadas. Quando se recorre à ironia como tentativa de finalizar uma longa discussão ou acalmar os ânimos, o que acontece na maior parte das vezes é que o final da discussão não é tão feliz como se gostaria. Não use sarcasmo. Discussões de casal precisam ter seriedade e maturidade. O humor poderá ser usado, mas só depois que as divergências estiverem resolvidas. Então a descontração será muito bem-vinda e até necessária!

10. Admita quando o erro for seu

O pastor Jaime Kemp, um missionário americano que vive há mais de quarenta anos no Brasil e tem mais de cinquenta livros escritos na área de orientação familiar, costuma dizer o seguinte em suas palestras para casais: "Existem três frases que podem salvar o seu casamento: 1) Eu estava errado; 2) Você me perdoa?; e 3) Eu amo você". Concordamos plenamente com ele.

Todo ser humano pode cometer sua parcela de erros. A Bíblia mesmo diz que "todos pecaram e não alcançam o padrão da glória de Deus" (Rm 3.23). Isso quer dizer que todos erram. Mas algumas pessoas têm uma tremenda dificuldade em admitir um erro; não conseguem aceitar que falharam. É óbvio que ninguém faz uma escolha pensando em errar: nosso objetivo é sempre acertar. Às vezes, porém, mesmo tentando acertar, fazemos escolhas erradas e falhamos. Devemos reconhecer o erro e aprender com a situação, visando não errar novamente.

Além da necessidade de admitir seu erro, o cônjuge deve também perguntar se o outro o perdoa. Muitas pessoas conseguem até admitir que erraram, mas têm dificuldade em verbalizar as três palavras: "Você me perdoa?". Conhecemos uma pessoa que durante muito tempo não conseguia pedir perdão após se arrepender de algo. Ela ficava tão constrangida por suas atitudes que se oferecia à pessoa ofendida para ajudá-la em outras coisas, como realizar pequenas tarefas, dar uma carona, emprestar alguma ferramenta etc. Ajudar a quem prejudicou era um modo de pedir perdão por sua maneira errada de agir. Você conhece alguém que também procede assim? Facilite as coisas e acolha-a. No íntimo, ela sente muito pelo que fez, mas tem dificuldades em verbalizar um pedido de desculpas. Essa pessoa deve amadurecer e aprender que o pedido de perdão é necessário. Mas, por enquanto, tenha paciência com ela e perceba que o principal ela já fez: arrependeu-se de sua atitude.

Já a frase "Eu amo você" serve muito bem aos homens: digam constantemente que amam sua esposa. As mulheres parecem ter um tanque de combustível emocional que precisa ser abastecido todos os dias de amor, além de atitudes de carinho e romantismo. Assim como um carro sem combustível fica parado no meio do caminho, o mesmo acontece com elas quando não estão supridas pelo amor e absolutamente convencidas de que são amadas pelo marido.

No entanto, há homens que pensam: "Minha esposa já sabe que eu a amo. Não preciso ficar falando toda hora". Quando questionados sobre a última vez em que expressaram seu amor, eles brincam: "No dia do casamento, oras!". Esses maridos vão ter muitos problemas em seu relacionamento conjugal até aprenderem que precisamos respeitar nossas diferenças com relação às mulheres, suprindo-as de amor todos os dias, por meio de palavras e atitudes.

Ao juntar as três frases — "Eu estava errado(a)!", "Você me perdoa?" e "Eu amo você!" —, percebemos como essas são declarações importantes, necessárias e verdadeiras. De fato, elas já têm salvado e continuarão a salvar muitos outros casamentos. Que tal começar a usá-las a partir de agora?

* * *

Após a leitura de todo este capítulo, espero que você tenha decidido a partir de hoje fazer de suas brigas discussões sadias. Aprenda a conversar sobre suas diferenças como uma pessoa adulta e madura. Saiba expor seus pontos de vista, mas também considere que você age com grandeza quando ouve opiniões diferentes das suas sem considerá-las ataques pessoais. A soma das ideias pode ser extremamente construtiva e criativa. Essa atitude, sem dúvida alguma, fará de você um ser humano melhor.

10
DEIXE TUDO EM PRATOS LIMPOS

Brigas são inevitáveis. Já que existem, temos de fazer bom uso delas. Se concordarmos com essa premissa, o espaço em que se dá o relacionamento deixará de ser um ringue para ser um lugar de crescimento e aprendizagem. Acima de tudo, um lugar para exercer as virtudes do fruto do Espírito conforme descrito em Gálatas: "O Espírito produz este fruto: amor, alegria, paz, paciência, amabilidade, bondade, fidelidade, mansidão e domínio próprio" (Gl 5.22-23).

Existe uma crença de que o casal que se ama não briga. Como vimos até aqui, porém, aqueles que souberem aproveitar bem uma discussão, com um bom nível de diálogo, podem enriquecer ainda mais a relação, além de abrir espaço para atitudes como ser responsável, amadurecer, desenvolver-se, mudar positivamente, aprender a fazer as pazes e exercitar o perdão.

Infelizmente, a maior parte das brigas é inútil. Prejudicam não só o relacionamento, mas também a própria pessoa e as demais que estão ao redor ou convivem no mesmo ambiente. Nesses casos, as discussões são perigosas e destrutivas, pois neutralizam o afeto e produzem marcas que geram mágoas e ressentimentos, deteriorando a convivência.

A briga é prejudicial quando os objetivos são:

- Atacar, defender-se e justificar-se.
- Despejar queixas e frustrações acumuladas.
- Expressar acusações, e não sentimentos.
- Fazer apenas críticas destrutivas.
- Contra-argumentar, em vez de ouvir o que o outro tem a dizer.
- Interromper quando o outro fala.
- Usar de gritos, gestos obscenos e xingamentos.
- Persuadir o outro a aceitar sua opinião com manipulações.

Enfim, há uma lista enorme de aspectos negativos. A Bíblia compara tais comportamentos manifestados em nós como "obras da carne", como lemos em Gálatas 5.19-21: "Quando seguem os desejos da natureza humana, os resultados são extremamente claros: imoralidade sexual, impureza, sensualidade, idolatria, feitiçaria, hostilidade, discórdias, ciúmes, acessos de raiva, ambições egoístas, dissensões, divisões, inveja, bebedeiras, festanças desregradas e outros pecados semelhantes".

As pessoas compulsivas, que brigam por qualquer razão, são descontroladas, explosivas e facilmente podem partir para a violência física. Quanto a esse aspecto é necessário tomar algumas atitudes.

A primeira providência é orar

Trata-se de pedir a Deus que mostre se essa ira tem origem em um problema espiritual. Muitas vezes, o descontrole existe quando alguém está com uma atitude errada, uma vida dupla ou fora da vontade de Deus. Para não ser questionada ou descoberta, a pessoa tem ataques nervosos, agride verbalmente e assim por diante. O antídoto é confessar seus pecados a Deus e à pessoa envolvida, para ficar em paz com o Senhor, consigo mesmo e com o outro: "Mas, se confessamos nossos pecados, ele é fiel e justo para perdoar nossos pecados e nos purificar de toda injustiça" (1Jo 1.9).

Pedir o discernimento de Deus

Existem situações espirituais mais graves, em que Deus precisa nos dar seu discernimento — quando há uma opressão satânica ou talvez até possessão demoníaca (no caso do cônjuge ainda não ter entregado sua vida a Jesus). O apóstolo Pedro nos adverte: "Estejam atentos! Tomem cuidado com seu grande inimigo, o diabo, que anda como um leão rugindo à sua volta, à procura de alguém para devorar" (1Pe 5.8). Sabemos que estamos em luta constante e que precisamos estar alerta. Como diz o apóstolo Paulo, nossa luta não é apenas contra nossa carne e nossos desejos mais sórdidos, mas contra as forças espirituais do mal, que querem nos destruir — e isso inclui nossos relacionamentos: "Pois nós não lutamos contra inimigos de carne e sangue, mas contra governantes e autoridades do mundo invisível, contra grandes poderes neste mundo de trevas e contra espíritos malignos nas esferas celestiais" (Ef 6.12).

Buscar auxílio médico

Outra hipótese que não podemos descartar é verificar se há um problema na área médica. Alguns medicamentos que a pessoa toma regularmente podem ter efeitos colaterais e deixá-la com mau humor, descontrole emocional, irritação, entre outros sintomas. Caso sejam frequentes, é necessário verificar com seu médico se alguma substância da medicação está interferindo no sistema nervoso.

Essas reações também são encontradas em pessoas que foram viciadas em drogas ou ainda estão em recuperação. Além desses, os alcoólatras também podem apresentar características de explosões emocionais. Tais casos devem ser igualmente avaliados por um médico, que dará as orientações necessárias para uma boa qualidade de vida e, consequentemente, para uma melhoria nos relacionamentos com os outros.

Verificar a área psicológica

Mais uma questão de ordem médica a ser verificada é se o cônjuge apresenta uma instabilidade emocional frequente, forte e persistente. Deve-se avaliar também se o relacionamento com os familiares é instável e conturbado, se os vínculos amorosos não são duradouros ou se há dificuldade de respeitar autoridades e permanecer nos empregos. Essas pessoas podem apresentar sentimentos intensos de raiva, tristeza, impulsividade, teimosia, ciúmes, desespero, medo, apego afetivo, rejeição, insatisfação pessoal e descontrole emocional. Se a permanência desses sintomas se torna um estilo de vida e traz prejuízos ao cônjuge e aos que vivem ao redor, tornando a convivência algo insuportável, talvez se esteja diante de um quadro de transtorno de personalidade. É imprescindível a consulta a um médico psiquiatra para um diagnóstico preciso. Se a pessoa aderir a um tratamento medicamentoso e psicoterapêutico eficaz, poderá ter uma vida mais centrada e uma convivência mais saudável com as pessoas e consigo mesma.

Alguns podem apresentar resistência antes de consultar um psiquiatra ou um psicólogo, por haver o equivocado estigma de que eles só cuidam de "loucos". É importante compreender que o psiquiatra não trata apenas de transtornos mentais, mas trabalha também transtornos de humor, afetivos, de impulsividade e outros que comprometem nossas emoções e sentimentos.

Vale a pena salientar ainda que a necessidade de um diagnóstico médico se justifica nos casos em que os sintomas ocorrem com constância e em situações variadas. Não é o caso de uma crise isolada, que aconteceu uma única vez. Por exemplo: o fato de uma esposa ter um ataque explosivo de indignação por um comportamento reprovável do marido não é suficiente para indicar que tenha um transtorno psicológico. O alerta deve ser dado ao relacionamento como um todo, verificando as alterações de conduta, se a pessoa interpreta os fatos de maneira distorcida e se tem a convivência social prejudicada.

Existem várias categorias de transtornos de personalidade que podem estar presentes na vida de uma pessoa em vários graus, do mais leve, passando pelo moderado, até o grave, agudo e crônico. Se estiverem em situações que deflagrem a patologia que trazem consigo, podem ser desencadeados grandes prejuízos nos relacionamentos. Alguns dos transtornos de personalidade, segundo o *Manual diagnóstico e estatístico de transtornos mentais* da Associação Americana de Psiquiatria, são caracterizados da seguinte forma:

- Antissocial: padrão de desrespeito e violação dos direitos dos outros.

- *Borderline*: padrão de instabilidade nas relações interpessoais, na autoimagem e nos afetos, com impulsividade acentuada.
- Paranoide: padrão de desconfiança e de suspeita tamanhas que as motivações dos outros são interpretadas como malévolas.
- Dependente: padrão de comportamento submisso e apegado relacionado a uma necessidade excessiva de ser cuidado.
- Esquizoide: padrão de distanciamento das relações sociais e uma faixa restrita de expressão emocional.
- Narcisista: padrão de grandiosidade, necessidade de admiração e falta de empatia.
- Histriônica: padrão de emocionalidade e busca de atenção em excesso.
- Obsessiva-compulsiva: padrão de preocupação com ordem, perfeccionismo e controle.[1]

Se você convive com uma pessoa que apresenta esses comportamentos discrepantes, é preciso ajudá-la a aceitar a necessidade de avaliação feita por pessoa especializada no assunto, no caso, um psicólogo ou psiquiatra. Essa conversa deve acontecer de maneira séria, mas com muito cuidado, para que ela entenda sua realidade. Apresente os fatos, relembre acontecimentos e danos causados e faça uma apresentação convincente. Se for preciso, avise que, se ela não tomar nenhuma providência, você recorrerá à família, aos líderes da igreja ou a qualquer outra pessoa que possa contribuir para que o problema seja resolvido.

Caso a situação envolva violência emocional ou física, você poderá também pedir auxílio ao Conselho Tutelar, à Vara da

Família, à Delegacia da Mulher ou à Polícia. É necessário quebrar as barreiras e fazer o que for preciso para obter relacionamentos mais equilibrados.

AJUDA DO ALTO E NÃO AUTOAJUDA

Neste livro tentamos abordar vários temas que nos direcionam a uma relação menos estressante e mais harmônica. Destacamos alguns tópicos mais fáceis de pôr em prática, enquanto outros assuntos como limites, máscaras, perdão, ouvir o coração do outro e buscar mais intimidade e transparência demandam enfrentamento e superação. Há comportamentos, pensamentos e atitudes que estão internalizados em nós desde a infância. Alguns foram herdados de nossos pais, e outros foram adquiridos ao longo de nossa história de vida.

Entretanto, este não é um livro de autoajuda. Por mais que você se esforce para praticar algumas dessas ideias, técnicas ou sugestões, somente um relacionamento íntimo com Deus poderá lhe garantir uma vida de amor, equilíbrio e sabedoria para enfrentar as dificuldades. "Pois Deus não nos deu um Espírito que produz temor e covardia, mas sim que nos dá poder, amor e autocontrole" (2Tm 1.7).

O rei Salomão diz: "O temor do SENHOR é o princípio do conhecimento" (Pv 1.7). Você precisará de sabedoria para ser uma pessoa equilibrada e desenvolver relacionamentos saudáveis. Busque intimidade com Deus e orientação em sua Palavra, a Bíblia Sagrada. Nela você encontrará a vontade e os propósitos de Deus para a humanidade desde a criação. E também conhecerá a graça, o amor e o poder perdoador de Jesus Cristo na cruz.

Pois a palavra de Deus é viva e poderosa. É mais cortante que qualquer espada de dois gumes, penetrando entre a alma e o espírito, entre a junta e a medula, e trazendo à luz até os pensamentos e desejos mais íntimos. [...]

Visto, portanto, que temos um grande Sumo Sacerdote que entrou no céu, Jesus, o Filho de Deus, apeguemo-nos firmemente àquilo em que cremos. Nosso Sumo Sacerdote entende nossas fraquezas, pois enfrentou as mesmas tentações que nós, mas nunca pecou. Assim, aproximemo-nos com toda confiança do trono da graça, onde receberemos misericórdia e encontraremos graça para nos ajudar quando for preciso.

Hebreus 4.12,14-16

Temos sentimentos, pensamentos e opiniões diferentes. Além disso, somos humanos, falhos e imperfeitos. Logo, discussões, atritos, desacordos, brigas ou quaisquer tipos de conflitos sempre existirão em nossa vida. Brigamos com nós mesmos, com Deus, com as pessoas e até com os animais domésticos. Desde a queda do homem, iniciou-se o ciclo das desavenças. Adão culpou a Deus e a Eva, Eva culpou a serpente, e assim até hoje caminha a humanidade.

Relacionamentos perfeitos e saudáveis, desprovidos de problemas, só os teremos na eternidade, com Jesus em seu reino de justiça e amor. Até lá, temos um longo caminho a percorrer. Precisamos viver um dia de cada vez, contando com o sobrenatural de Deus para administrar aquilo que para nós é impossível realizar. O desafio é cada vez haver menos desentendimentos e buscar a paz com Deus, consigo mesmo e com o outro.

Que Deus nos capacite a seguir vivendo e aprendendo a brigar de maneira saudável!

APÊNDICE
RELACIONAMENTOS EM TEMPOS VIRTUAIS

> Mais do que de máquinas, precisamos de humanidade. Mais do que de inteligência, precisamos de afeição e doçura. Sem essas virtudes, a vida será de violência e tudo estará perdido.
>
> Charles Chaplin

Não restam dúvidas: nossas relações pessoais foram afetadas pelas relações virtuais. Estamos conectados via *smartphones*, *tablets* e *notebooks* e nos distanciando do contato real. Sem a presença palpável do outro, como ter certeza do que esperar? Todas essas transformações se refletiram na forma de expressar amor em nossos dias, afetando solteiros e casados.

O celular é um dos objetos mais usados no cotidiano hoje. Mergulha-se em sua tela e ali encontra-se de tudo. Temos um mundo de opções nas mãos: informação, contato e entretenimento. Transferimos essa facilidade para os relacionamentos, o que os torna superficiais. Enquanto se conversa com uma pessoa em um aplicativo, tem sempre mais alguém esperando em outro. Afinal, posso falar com qualquer pessoa com um simples toque na tela.

Do mesmo modo que relacionamentos são iniciados e vivenciados na forma *on-line*, por vezes são rompidos assim também. A dificuldade é que muitos passaram a buscar virtualmente a solução para seus problemas de relacionamento, sem enfrentá-los na vida real, face a face.

A tecnologia, em si, não é um mal. Ela é uma ferramenta importante e necessária em nossos tempos. Não há como viver sem ela. Hoje estamos conectados virtualmente, e há de fato muitas vantagens nisso. O problema está em *quem* usa a tecnologia e *como* a usa. Temos a escolha de usá-la para o bem ou para o mal.

O exagero no uso do celular tem sido combatido até mesmo dentro das empresas: quando existe uma reunião de equipe, alguns diretores têm determinado que os participantes deixem o aparelho em uma caixa à entrada da sala, de onde só podem tirá-lo após encerradas as discussões.

Quando se trata de reuniões familiares, caso não se use o mesmo critério, a comunicação fica prejudicada: ocorre o distanciamento entre cônjuges, bem como entre pais e filhos. Aquele "olho no olho" dá lugar ao "olho na tela", o papo sem pressa é trocado pelo "fala rápido que não tenho tempo", e a conversa exclusiva é raridade, com a desculpa: "Eu faço várias coisas ao mesmo tempo".

Ao que parece, essa hiperdependência da tecnologia assemelha-se à situação de viciados que, quando não têm a droga, sofrem crise de abstinência. Psicólogos têm comentado sobre a "síndrome da vibração fantasma", quando pacientes relatam sentir seu celular vibrar mesmo quando não houve nenhuma chamada.

AMOR INDIVIDUALISTA

Outra característica de nossos tempos é que as pessoas estão mais autocentradas, mais egocêntricas. Em expressão que ouvimos da jornalista Inês de Castro, da BandNews FM, trata-se da *geração cupcake*. O *cupcake*, um pequeno bolo preparado para servir uma única pessoa, caracteriza assim o individualismo presente nas relações afetivas. Cada um quer viver por si mesmo. As pessoas não querem vínculos muito profundos, porque se bastam. Dizem: "Eu mesmo celebro a minha festa", "Eu mesmo como o meu bolo". A mensagem implícita é: "Amo você enquanto satisfaz minhas necessidades. Caso contrário, fico aqui comigo mesmo, na minha festa particular". É o amor que se preocupa mais com a satisfação pessoal, com o prazer momentâneo. O outro é apenas mais uma peça no jogo da vida.

AMORES LÍQUIDOS

Os efeitos dessa vida virtual e do individualismo exacerbado têm afetado a forma como nos relacionamos. Há uma fragilidade nos laços humanos. Sim, há o desejo de vínculo, de amar e de ser amado. Ao mesmo tempo, falta compromisso. Vivemos em tempos de "amores líquidos", como constata o sociólogo e filósofo polonês Zygmunt Bauman. São relacionamentos que escorrem e se evaporam tão rápido como começaram. Vínculos são desmanchados sem dificuldades, tratados como mercadorias que se tiverem algum defeito são trocados por uma versão mais atualizada. Troca-se de parceiro como se troca de roupa. A palavra de ordem é: "Desapega". Sem apego, acredita-se, não há sofrimento.

O amor romântico, aquele à moda antiga, está fora de questão. E valores como confiança, fidelidade, exclusividade, amizade, até que a morte nos separe... já não parecem fazer muito sentido. Aliás, não se sabe mais a diferença entre o significado de amor e paixão. Não se consegue definir onde começa e termina cada um. Tudo soa como uma coisa só.

A consequência é que surge uma nova ética para a questão sexual. O significado do sexo na relação amorosa foi alterado, totalmente diferenciado do objetivo primeiro de seu Criador, que é Deus. Tornou-se algo descartável, impulsivo, objeto de satisfação pessoal, desejos e fantasias.

A relação sexual passou a ser moeda de troca, de barganha: "Se você me ama, fará o que eu desejo, dará o que eu quero". Transformou-se em possibilidade de controle, de posse e (por que não dizer?) até de violência emocional e física. Nesse contexto, mantêm-se relacionamentos de baixa qualidade, um amor patológico, doentio. A dependência emocional cria a ilusão de que o outro passa ser o responsável por preencher o seu vazio existencial. Toda felicidade e amor de que se necessita só pode ser alcançada através do outro. Perde-se no outro. Não se encontra mais a identidade própria, a aptidão de enxergar suas capacidades e habilidades, seus sonhos e ideais. A vida consiste em viver para o outro e satisfazer o outro, caso contrário ele não me amará e não me aceitará.

A autoestima do parceiro "dependente" fica comprometida. Surgem consequências negativas, como falta de autoconfiança, insegurança, sentimento de inferioridade e baixa autoestima, com a ideia de que não merece ser amado e respeitado. Com frequência, tais sentimentos negativos acabam se transferindo também para o relacionamento com Deus.

AMOR SACRIFICIAL E COMPARTILHADO

Como, então, construir relacionamentos sólidos e duradouros, em tempos de relações tão instáveis, individualistas e egoístas?

Foi Deus quem criou as relações afetivas e deu o caminho para uma boa convivência. No meio de tantos "achismos" sobre o assunto, devemos recorrer ao Autor e o maior exemplo de amor: Deus, que é Amor e nos amou primeiro.

Em Eclesiastes 4.9-12, lemos:

> É melhor serem dois que um, pois um ajuda o outro a alcançar o sucesso. Se um cair, o outro o ajuda a levantar-se. Mas quem cai sem ter quem o ajude está em sérios apuros. Da mesma forma, duas pessoas que se deitam juntas aquecem uma à outra. Mas como fazer para se aquecer sozinho? Sozinha, a pessoa corre o risco de ser atacada e vencida, mas duas pessoas juntas podem se defender melhor. Se houver três, melhor ainda, pois uma corda trançada com três fios não arrebenta facilmente.

Esse texto nos ensina a importância dos vínculos e mostra por que precisamos compartilhar nossa vida com outra pessoa. Temos a necessidade de:

- Companhia: "É melhor serem dois que um".
- Amparo: "Se um cair, o outro o ajuda a levantar-se".
- Acolhimento: "duas pessoas que se deitam juntas aquecem uma à outra".
- Proteção: "Sozinha, a pessoa corre o risco de ser atacada e vencida, mas duas pessoas juntas podem se defender melhor".
- Aliança: "uma corda trançada com três fios não arrebenta facilmente".

Como seres humanos, precisamos uns dos outros. Ao decidir obter vínculo com profundidade, são necessárias duas coisas: *dedicação* e *atitude*. Lembremos que não vivenciamos o amor só nos momentos bons, de alegria, de sorrisos, quando tudo anda bem, como se estivéssemos sempre numa "Disneylândia" romântica. O amor precisa existir também nos momentos difíceis, complicados, quando aqueles próximos de nós carecem da nossa interferência e ação imediata!

É o que define o apóstolo Paulo, na maior descrição de amor, em 1Coríntios 13.4 -7:

> O amor é paciente e bondoso. O amor não é ciumento, nem presunçoso. Não é orgulhoso, nem grosseiro. Não exige que as coisas sejam à sua maneira. Não é irritável, nem rancoroso. Não se alegra com a injustiça, mas sim com a verdade. O amor nunca desiste, nunca perde a fé, sempre tem esperança e sempre se mantém firme.

Assim é o amor *ágape*, um amor sobrenatural, disposto a sacrificar-se em benefício do outro. É um exemplo do amor de Deus por nós: "Nós amamos porque ele nos amou primeiro" (1Jo 4.19). Esse amor foi manifestado na entrega de seu Filho Jesus Cristo, que morreu na cruz por nós: "Deus nos prova seu grande amor ao enviar Cristo para morrer por nós quando ainda éramos pecadores" (Rm 5.8).

Somos capacitados a amar uns aos outros com esse tipo de amor. Deus é o nosso grande professor sobre o amor *ágape*. Com sua ajuda podemos ser pacientes e bondosos, não ciumentos nem orgulhosos, não buscar os próprios interesses, não maltratar, nem guardar rancor. Tudo suportar, sofrer, esperar e ainda crer.

Além de tudo isso, poderemos construir um relacionamento em que se exerce o *amor compartilhado*, no qual há espaço para si, espaço para o outro e espaço comum aos dois. Cada um tem seus próprios sonhos, projetos, ideias e ideais. Sem competitividade, orgulho, inveja e interesses, mas com incentivos, reconhecimento, partilha e perseverança. E, nesse espaço comum, constroem juntos os sonhos, projetos, colocam em prática as ideias que elaboram em concordância. Essa caminhada conjunta inclui também:

- *Ouvir o coração do outro*, aprendendo a dar liberdade para que o outro faça avaliações a nosso respeito, mesmo que estas nos desagradem. O outro nos ama e quer viver bem conosco — não quer nos *destruir*, mas sim *aperfeiçoar*, para uma melhor convivência. Há coisas que não percebemos em nós. Só quem vive conosco nota e pode usar isso para nos ajudar (no caso de um amigo ou cônjuge) ou para nos prejudicar (nossos inimigos).
- *Ajudar quando o outro está sobrecarregado*, mesmo que a pessoa atarefada não peça auxílio. Temos de usar o "desconfiometro", adiantando-nos na oferta de ajuda. Ao vermos, por exemplo, que a esposa está com muitas tarefas e ainda tem diante de si uma pia cheia de louça para lavar, *é óbvio* que ela precisa da ajuda do marido compreensível. Ou então: um marido sobrecarregado com trabalho que precisaria de ajuda para algum afazer — se o outro está mais livre, por que não estender apoio? Um filho está atrasado para um compromisso, por que não lhe oferecer carona?

Esse caminho não é o mais fácil. Vai contra a filosofia e o comportamento vigentes, que valoriza muito mais o individual e a falta de interesse pelas pessoas. Temos em primeiro lugar o compromisso com Deus, de amar o outro como ele nos ama. Por isso, precisamos estar dispostos ao quebrantamento, ao perdão e à prática das características do *amor ágape* e do *amor compartilhado*.

Alguém já disse: "Conectar-se é para máquinas, humanos se relacionam". Se não nos atentarmos para isso, o amor só será individualista, descartável, sem profundidade.

Identificar o que não nos permite ter um relacionamento mais saudável e lutar contra isso é o primeiro passo. Depois, ao colocar em prática o que Deus nos orienta sobre o amor, teremos uma luz para o caminho de relações mais sólidas, duradouras e compartilhadas.

GUIA DE ESTUDO

Este guia de estudo tem como objetivo ajudar a compreensão dos conteúdos apresentados ao longo do livro. É uma ferramenta para encorajar a reflexão, o exame e a busca por novos propósitos de mudanças.

Adquirir um relacionamento saudável com Deus e com as pessoas não é tão simples como alguns imaginam. Leva tempo! É um processo que demanda paciência, perseverança e atitude. Estes exercícios serão importantes, não apenas porque ajudarão a identificar dificuldades, mas também porque estimularão a criatividade a fim de encontrar as soluções adequadas para os problemas.

ALGUMAS RECOMENDAÇÕES

Faça os exercícios logo após a leitura de cada um dos nove capítulos do livro. (O capítulo 10, "Deixe tudo em pratos limpos", funciona como uma conclusão e não consta deste guia.) A ideia é não deixar passar muito tempo para realizar cada tarefa. Com isso, o conteúdo se fixará melhor na memória e as tomadas de decisões acontecerão mais rapidamente.

Tenha em mãos uma Bíblia, caneta ou lápis e borracha.

Embora tenha um enfoque no relacionamento conjugal, o conteúdo deste livro pode ser usado em contextos mais amplos, como nas relações de pais e filhos, entre amigos, no trabalho, na igreja ou em quaisquer outras situações de convívio entre pessoas. Os assuntos abordados visam beneficiar qualquer tipo de relacionamento.

Não queremos propor um esquema rígido de como usar este guia. Quando usado em grupo, cada líder tem a liberdade de fazê-lo, de acordo com seu contexto. Pode escolher responder a todas as perguntas, ou apenas a uma ou duas.

Certas questões são de foro íntimo e algumas pessoas podem considerar constrangedor responder em grupo. Isso deve ser respeitado. Não se deve insistir na partilha quando alguém não desejar fazê-lo. É necessário que o grupo tenha algum nível de intimidade e vínculo, para que alguns temas sejam comentados em público. O facilitador do grupo deve ter essa sensibilidade e escolher a melhor forma de usar o guia.

Reformule uma pergunta até que ela seja totalmente compreendida. Há completa liberdade para fazê-lo. As pessoas precisam entender o que está sendo pedido, a fim de gerar boas reflexões.

Caso o grupo seja numericamente expressivo, o melhor será desmembrá-lo em grupos menores de três a quatro pessoas, para que todos possam participar.

Um aspecto a considerar é que cada indivíduo tem seu ritmo de caminhada. É necessário respeitar o tempo de assimilação dos conteúdos e a disponibilidade de mudanças. Alguns mudam lentamente. Outros tem mais facilidade para modificar atitudes.

Busque a sabedoria de Deus e leve em conta todas as implicações e características de seu grupo. Ore e esteja na dependência divina para a realização dos exercícios.

Sem dúvida, nosso melhor auxílio para a compreensão da matéria é o Espírito Santo. Esse grande Amigo nos ajuda a reconhecer falhas e dificuldades. Mostra nossas barreiras, defesas e os obstáculos que interferem na solução de um problema. Luta ao nosso lado para que façamos o que é certo.

Que o conteúdo deste livro e a realização destes exercícios contribuam para seu amadurecimento pessoal e fortaleçam sua amizade com Deus e com as pessoas que vivem ao seu lado!

CAPÍTULO 1: CONVIVA COM AS DIFERENÇAS

1. "Ser humano é ser diferente." O que você entende sobre isso? Quais as implicações desse fato nos relacionamentos? Aponte pelo menos dois aspectos positivos e dois negativos dessa realidade.

2. Em Romanos 12.17-18, encontramos algumas orientações para enfrentar os conflitos. Você pode citar duas importantes atitudes que aparecem nesse texto?

3. Deus nos proporcionou algumas ferramentas para que tratemos os desentendimentos em nossos relacionamentos. Escreva quais são essas ferramentas na sequência de cada passagem abaixo:
   a) 1Coríntios 13.4-7
   b) Gálatas 5.22-23
   c) Mateus 5.3-12

4. Quais são os quatro tipos de comportamentos apresentados neste capítulo? Qual é seu estilo predominante? E o estilo predominante da principal pessoa de seu

convívio (cônjuge, chefe, pai, mãe, amigo etc)? Se preferir, pode listar mais de uma pessoa.

5. Há em seu convívio alguém que tenha um comportamento oposto ao seu? Com quais características dessa pessoa você tem mais dificuldade em lidar? O que pode fazer para melhorar a convivência, respeitando a maneira de ser do outro, mas sem anular a si próprio? Liste pelo menos três ações práticas.

6. Explique a diferença entre *completar e complementar.*

7. Pense nas diferenças de relacionamento que você tem com a pessoa de sua maior intimidade. Como elas podem contribuir para a aproximação e ajuda mútua? Descreva abaixo suas ideias. Em seguida, considere a possibilidade de compartilhá-las com essa pessoa, a fim de que amadureçam juntos e possam reparar possíveis arestas.

8. Algumas pessoas têm grande dificuldade para colocar em prática a flexibilidade e a tolerância. Ore e peça ajuda ao Senhor, para que em seu dia a dia você possa ter mais do amor sobrenatural e das virtudes do fruto do Espírito. Dessa forma, sua caminhada será um pouco mais suave, na direção de uma boa convivência com as pessoas e seus dilemas.

CAPÍTULO 2: OUÇA O CORAÇÃO DO OUTRO

1. "A questão não está tanto na *quantidade*, mas na *qualidade* de palavras que homem e mulher expressam." Você concorda com essa ideia? Quais as implicações desse fato nos relacionamentos? Tem sido fácil para

você lidar com essas diferenças de pensamento e comportamento entre os gêneros?

2. Descreva com suas palavras o que é "ouvir o coração do outro".

3. Há três tipos de relacionamentos interpessoais: *fusão* (ou dependência), *independência total* e *interdependência*. Comente cada um deles. Em seguida, dê sua opinião sobre qual você considera o mais apropriado para um relacionamento saudável.

4. Responda *sim* ou *não* às perguntas abaixo:
    - Você consegue expressar uma opinião com liberdade?
    - Sente-se seguro para expor seus sentimentos mais profundos?
    - Sente-se acolhido e respeitado sobre o que sente?
    - É fácil para você expor seus sentimentos quando o comportamento do outro o prejudica?
    - Consegue revelar suas necessidades ao outro com honestidade (tanto o que está bem no relacionamento quanto o que não está)?
    - Vocês conseguem estabelecer um diálogo sobre como resolver uma situação de conflito?

5. Com relação às perguntas acima, como você classificaria a qualidade de seu relacionamento com a pessoa de sua convivência mais íntima? Está satisfatória? Precisa de ajustes? Ou a situação anda crítica? O que pode fazer para melhorar isso?

6. Avalie em que nível de comunicação está o relacionamento que você tem com a pessoa de sua maior intimidade:

a) Nível 1: expressar opiniões, pensamentos e ideias e expectativas.

b) Nível 2: expor sentimentos mais profundos.

c) Nível 3: revelar com honestidade suas necessidades.

Conseguiu verificar? Está satisfatório? Ou é preciso melhorar? É necessário fazer algo para subir de nível?

4. Responda com sinceridade às questões abaixo. Depois, pense em como melhorar essa situação:
   - Meu jeito de agir tem facilitado ou complicado a convivência entre nós?
   - Estou causando satisfação ou insatisfação?
   - Estou promovendo afastamento ou aproximação?

5. Ore e peça ao Senhor: "Dá-me habilidade para desenvolver um relacionamento profundo e satisfatório com as pessoas à minha volta".

CAPÍTULO 3: VIVA SEM MÁSCARAS E ASSUMA RESPONSABILIDADES

1. Ao enfrentar pressões e frustrações nos relacionamentos interpessoais, há três tipos de pessoas: as que exteriorizam suas reações, as que interiorizam, e as que fazem ambas as coisas. Veja a qual das possibilidades abaixo você pertence:

   ☐ Exterioriza: lida com as frustrações canalizando suas emoções e sentimentos para o ambiente ou para o outro. Às vezes, faz isso mediante respostas agressivas ou acusações, sem pensar direito nas palavras.

- ☐ Interioriza: volta para si suas frustrações e emoções negativas mediante culpa, ansiedade e autodepreciação.
- ☐ Exterioriza/interioriza: age das duas formas. Dependendo da pessoa ou situação, pode canalizar para o ambiente (exterioriza) ou pode voltar para si as emoções negativas (interioriza).

2. Você lembra como agia em sua infância para ganhar a atenção das pessoas ou ter suas necessidades atendidas? (P. ex.: choro, birras, brincadeiras, estripulias, exigências, teimosia, boas notas etc.)

3. A primeira história apresentada é a vida de Mário. Com quais características dele você se identifica?
   - ☐ Tenta consertar todos os estragos e situações constrangedoras em sua família.
   - ☐ Quer que sua família funcione adequadamente e se esforça para preencher as faltas e os erros dos demais.
   - ☐ Considera que não recebe elogios e apoio, mas é reconhecido como alguém confiável, maduro e capaz pelas pessoas fora da família.
   - ☐ Sobressai-se tanto nas tarefas que lhe são solicitadas como naquelas em que toma a iniciativa de realizar.
   - ☐ É um diplomata e negociador nato.
   - ☐ Não se permite vibrar com as vitórias porque sempre tem a sensação de fracasso.

4. Quais as características de Élcio, o irmão de Mário, podem existir em você?
   - ☐ De vez em quando se vê em situações constrangedoras, para si ou para a família.

☐ Na infância ou adolescência, seus pais ou responsáveis eram frequentemente chamados à diretoria da escola para serem informados sobre suas advertências.

☐ Na adolescência, colocava-se em situações de risco e confusões; era considerado a "ovelha negra" da família.

☐ Leva ao pé da letra o provérbio "falem mal, mas falem de mim".

☐ Considera que quase sempre os problemas e dificuldades que lhe acontecem resultam das circunstâncias ou das pessoas que não o apoiam.

5. Outro irmão de Mário é o Geraldo. Será que existem algumas características dele em você?

   ☐ É o mais alegre da família, sempre fazendo brincadeiras, sobre tudo e todos.

   ☐ Sabe amenizar um ambiente difícil com suas piadas. Quer ver todos bem e se divertindo.

   ☐ Com suas brincadeiras, tenta desviar a atenção (tanto a sua como a dos outros) da necessidade de enfrentar os problemas.

6. Sara é a irmã caçula de Mário. Você possui algumas de suas características?

   ☐ Procura o tempo todo passar desapercebida.

   ☐ Todos gostam dela, pois não dá trabalho e não exige muita atenção.

   ☐ Vive acometida pela solidão, por não se sentir à vontade para falar sobre suas necessidades.

   ☐ É tímida, com grandes dificuldades para aceitar o envolvimento emocional, necessário aos relacionamentos mais afetivos.

☐ Aplica seu tempo em leituras, em ouvir suas músicas prediletas, sempre com seu fone de ouvido. Ou fica nas redes sociais, conversando com seus amigos virtuais.

7. A Dona Elza é a mãe de Mário. Verifique se há algumas das características dela em você:
☐ Sacrifica tempo, energia e felicidade para manter a família unida.
☐ Faz o que for preciso para as coisas ficarem certas, isto é, certas conforme o seu ponto de vista.
☐ As pessoas sempre a elogiam por ser uma pessoa devotada à família.
☐ Acredita que seus familiares, vendo o sacrifício que faz, resolverão os problemas da família e promoverão a paz que ela tanto deseja.
☐ Acredita que nada do que está acontecendo é justo, pois considera-se uma pessoa boa, que não merece o que lhe acontece.

8. Cada integrante da família de Mário corresponde a uma máscara. Com quais deles você mais se identificou?
☐ Mário / Herói
☐ Élcio / Bode expiatório
☐ Geraldo / Mascote
☐ Sara / Criança indefesa
☐ Dona Elza / Mártir

9. Quanto aos passos para abrir mão das máscaras, assinale aqueles com os quais você acredita ter mais dificuldades e procure trabalhar neles de forma especial:
☐ Admitir que tenho utilizado algum tipo de personagem para me comunicar.

- ☐ Confessar isso ao Senhor, a fim de receber perdão.
- ☐ Transformar minha maneira de agir.
- ☐ Aceitar minhas habilidades bem como minhas fraquezas.
- ☐ Acolher os outros como eles são.
- ☐ Aceitar as diferenças cedendo onde for possível, sem ter de recorrer a disfarces e vitimizações.
- ☐ Conseguir expressar, sem medo e culpa, meus pensamentos e ideias.
- ☐ Respeitar e acolher as necessidades e frustrações do outro.
- ☐ Reunir coragem e ousadia para enfrentar as situações que preciso mudar.

CAPÍTULO 4: ESTABELEÇA LIMITES SAUDÁVEIS

1. Descreva alguma situação em que você viveu (ou tem vivido) com ausência de limites em algum tipo de relacionamento (conjugal, familiar, profissional, amizade, na escola, com os vizinhos etc.). Como isso acontece?
2. Apresente uma definição de limites.
3. Há um ditado que diz: "Ame seu vizinho, mas não derrube a cerca". Como você compreende essa frase?
4. Em poucas palavras, descreva o que você entendeu sobre o que a Bíblia nos ensina em:
    a) Gálatas 6.2: "Levem as cargas uns dos outros".
    b) Gálatas 6.5: "Cada um levará o seu próprio fardo".
3. Avalie sua vida e comente: você tem a tendência de carregar a "mochila" dos outros? Ou de deixar que os

outros carreguem sua "mochila"? Pode dar exemplos de como isso acontece?

4. Avalie seus relacionamentos significativos e verifique se está sendo alvo da falta de limites. Responda *S* para sim, *N* para não e *X* para às vezes:
   ☐ Ao apresentar uma ideia, o outro ouve com atenção.
   ☐ Quando você apresenta algo com entusiasmo, o outro se alegra com você.
   ☐ Ao mostrar uma criação própria, o outro aprecia e até elogia.
   ☐ Enquanto você busca seu crescimento, o outro o incentiva e estimula a prosseguir.
   ☐ O outro consegue respeitar seu ritmo de agir.
   ☐ Você tem liberdade de ser quem realmente é na presença do outro, sem receber críticas, sentir-se culpado ou inferior.
   ☐ O outro é capaz de envolver-se, apoiar e confortar você nos momentos difíceis.
   ☐ Os objetivos pessoais, planos futuros e ideias que o preocupam são discutidos de maneira satisfatória.

   Lembre-se: Um maior número de *X* e *N* demonstram que há mais sentimentos de frustração, decepção, medo e desestabilização. Isso pode sugerir que o estado desejável de limites está sendo ameaçado ou não alcançado. É necessário pensar em maneiras de resolver isso!

5. Observe se, na maior parte do tempo em seus relacionamentos mais significativos, alguns destes sentimentos tem feito parte de seu dia a dia. Responda *S* para sim, *N* para não e *X* para às vezes:

- ☐ Eu me sinto magoado?
- ☐ Eu me sinto diminuído?
- ☐ Eu não me sinto reconhecido?
- ☐ Eu me sinto desprezado?
- ☐ Eu me sinto desrespeitado?
- ☐ Eu me sinto isolado?
- ☐ Eu me sinto hostilizado?

Lembre-se: Tente avaliar estes sentimentos em vários ambientes de seus relacionamentos: com o cônjuge, filhos, pais, família de origem, família estendida, amigos, igreja, etc. Um maior número de X e N demonstram que há mais sentimentos de frustração, decepção, medo e desestabilização. Isso pode sugerir que o estado desejável de limites está sendo ameaçado ou não alcançado. É necessário pensar em maneiras de resolver isso!

6. "Ninguém pode me ferir sem o meu consentimento" (Eleanora Roosevelt). Descreva o que você entendeu sobre essa frase.

7. Das cinco leis dos limites apresentadas neste capítulo, aponte em quais delas você está se saindo melhor. Anote em ordem crescente, de 1 a 5, sendo *1* aquela em que você considera estar de forma mais coerente com o que diz a lei, e *5* aquela em que, a seu ver, você mais precisa melhorar.
- ☐ Lei nº 1: a lei do semear e colher
- ☐ Lei nº 2: a lei da responsabilidade
- ☐ Lei nº 3: a lei do poder
- ☐ Lei nº 4: a lei da motivação
- ☐ Lei nº 5: a lei da exposição

8. Com base nos versículos abaixo, reflita e responda com sinceridade: O que está me impedindo de lidar com os limites de maneira adequada?

a) *Será negligência?* Tiago 4.17: "Lembrem-se de que é pecado saber o que devem fazer e não fazê-lo".

b) *Falta coragem e ousadia para mudar?* 2Timóteo 1.7: "Pois Deus não nos deu um Espírito que produz temor e covardia, mas sim que nos dá poder, amor e autocontrole".

Escreva sua oração, pedindo que Deus lhe conceda aquilo de que você precisa para fazer as mudanças necessárias em sua vida.

CAPÍTULO 5: APRENDA A SE DEFENDER DOS ATAQUES VERBAIS

1. Em que ocasiões você costuma receber ataques verbais ou enfrentar comportamentos agressivos? Como reage a eles na maior parte das vezes?

2. Que tipo de pessoa é você, diante de um ataque verbal?
   ☐ Extrovertido: coloca sua indignação para fora com facilidade.
   ☐ Introvertido: não consegue responder e engole a raiva.
   ☐ Extrovertido/introvertido: dependendo da situação, age mais ativa ou passivamente.

3. Você tem conseguido lidar com o estresse de um ataque verbal ou de uma situação agressiva, aplicando a exortação bíblica "não se apressem [...] em se irar" (Tg 1.19)?

Como tem feito isso? Das dicas abaixo, qual ou quais você considera ser as melhores ideias para aplicar em seu dia a dia e lidar com os agressores?
☐ Contar até dez.
☐ Respirar fundo.
☐ Não aumentar o tom de voz.
☐ Acenar amavelmente com a cabeça.

4. Às vezes ouvimos comentários que nos magoam, que são equivocados, mesmo quando feitos sem más intenções. É possível lidar com essa situação simplesmente mudando de assunto. Descreva uma situação que você tenha vivenciado e tente criar uma *estratégia de ligação*: substituir o elemento do problema por outro assunto que esteja ligeiramente associado ao tema em questão.

5. Relembre algumas situações de agressividade e ataques verbais que você já enfrentou. O que teria feito diferente do que fez? Como pode aplicar as habilidades descritas neste capítulo ao enfrentar uma nova situação semelhante? Peça ajuda a Deus para que isso se torne uma verdade em sua vida.

CAPÍTULO 6: PROTEJA-SE DAS ARMADILHAS DO DIA A DIA

1. O primeiro ingrediente apresentado para um relacionamento saudável foi a *amizade*. Das armadilhas sobre esse item, assinale aquelas das quais você precisa cuidar neste momento, para que não se tornem ciladas em seus relacionamentos:
☐ Esfriamento da amizade

☐ Indiferença.
☐ Não ter no outro o seu melhor amigo.
☐ Falar aos outros coisas íntimas da pessoa.
☐ Às vezes usar de mentiras ou meias-verdades.

2. Assinale os itens que você precisa colocar em prática para cultivar maior amizade em seus relacionamentos significativos (cônjuge, relacionamento afetivo, filhos, amigos, colegas de trabalho etc.):
☐ Fazer pontes entre a sua vida e a da outra pessoa.
☐ Dividir mais os seus sonhos.
☐ Compartilhar mais os seus interesses e planos.
☐ Outro: _____.

3. Das armadilhas que minam o *respeito* nos relacionamentos, classifique os itens a seguir de 1 a 3, sendo *1*: você nunca faz, *2*: você faz às vezes, e *3*: você faz com frequência.
☐ Fazer brincadeiras sarcásticas através de palavras ou gestos.
☐ Humilhar o outro publicamente ou em particular.
☐ Xingar o outro.
☐ Esquecer-se de dizer o que admira no outro.
☐ Deixar de reconhecer os valores e habilidades do outro.
☐ Não elogiar e incentivar o outro.

4. Ao examinar suas atitudes, assinale as ideias que você precisa praticar mais para que seus relacionamentos tenham uma *comunicação* mais aberta:
☐ Ter mais disposição para ouvir opiniões diferentes.
☐ Ser menos agressivo nas palavras e no tratamento com as pessoas.

☐ Ser mais ensinável.
☐ Ser menos explosivo emocionalmente.
☐ Deixar de sofrer calado e expor mais suas ideias.
☐ Dar mais oportunidade para o outro colocar suas necessidades.
☐ Procurar estabelecer conversas mais equilibradas.
☐ Ouvir mais o coração do outro.

5. Considere as dicas abaixo para manter acesas as *chamas do romance* em seu relacionamento amoroso:

   a) Ter tempo de qualidade para o sexo.

   b) Valorizar as preliminares em uma relação sexual.

   c) Tomar cuidado com a sedução extraconjugal.

   d) Cultivar mais a imaginação e criatividade para criar um clima romântico.

   e) Buscar aprender mais sobre como melhorar a relação sexual.

   f) Fazer um pacto com os olhos de não olhar com intenção impura para alguém que não seja seu cônjuge.

   Descreva as três dicas nas quais, em sua opinião, *você* precisa melhorar:

   Descreva as três dicas nas quais, em sua opinião, *o outro* precisa melhorar:

6. Você se considera uma pessoa com a qual os outros têm *prazer de estar junto*? Por que sim, ou por que não?

7. Assinale abaixo as opções que você usa com frequência para que as pessoas se sintam bem ao seu lado:
   ☐ Reservo momentos para fazer coisas juntos, mesmo que por pouco tempo.

☐ Procuro criar um clima descontraído, manifestando meu bom humor e sendo mais leve e menos rígido.
☐ Esforço-me para realizar pequenos gestos que valorizam o outro, como: dar presentes, abraços, beijos, escrever mensagens carinhosas, ajudar a fazer algum serviço doméstico, consertar algo quebrado etc.
☐ Busco ter conversas de qualidade, que mostram meu interesse pela pessoa.

8. Outro ingrediente para se ter um relacionamento saudável é cultivar *valores em comum*. Destaque o que tem contribuído para que isso *não* seja uma realidade plena em sua convivência familiar:
☐ Brigas e desentendimentos familiares.
☐ Falta de perdão.
☐ Desentendimentos sobre metas futuras.
☐ Falta de incentivo em cultivar datas importantes e rituais de família.
☐ Confusão nas responsabilidades e papéis dos integrantes da família.
☐ Falta de flexibilidade com as metas futuras; os ideais de vida não são compatíveis com as aspirações das demais pessoas ao redor.

9. Verifique as dicas abaixo e destaque aquelas que podem ser praticadas com mais frequência para que haja uma *boa resolução de conflitos* em seus relacionamentos:
☐ Abordar o problema com moderação, sem rispidez.
☐ Quando houver divergência de pensamento, definir pontos em comum.
☐ Destacar o que é negociável e o que é inegociável.
☐ Fazer concessões mútuas para chegar a um acordo.

10. Não devemos esquecer que essas áreas estudadas pelas pesquisas são fundamentais e devem ser defendidas com perseverança, se quisermos ter relacionamentos saudáveis. Portanto, revisite as áreas a seguir e registre abaixo:

1. Amizade

2. Respeito

3. Boa comunicação

4. Chamas do romance

5. Prazer em estar junto

6. Valores comuns

7. Boa resolução de conflitos

a) Que bom! (áreas que estão bem e são mais fáceis de serem praticadas)
b) Que pena! (áreas em que não estamos bem e precisamos melhorar)
c) Que tal? (área de maior desafio no relacionamento e que se receber um investimento maior ajudará a aprimorar as demais)

CAPÍTULO 7: LIDE COM A IRA

1. A ira tem um lado positivo. Existem ocasiões em que ela pode até evitar um mal maior. Você se lembra de algum momento em que isso aconteceu com você? Escreva ou compartilhe em poucas palavras o que houve.

2. A ira pode se manifestar de três maneiras: explosão de ira, implosão de ira e negação da ira. Qual dessas três reações é mais comum em sua vida?

3. Assinale quais situações mais suscitam sua ira:
   ☐ Quando estou insatisfeito com alguém.
   ☐ Quando alguém não entende minhas necessidades.
   ☐ Quando tenho de lidar com uma tarefa que exige muito de mim.
   ☐ Quando discuto um assunto conflituoso com alguém.
   ☐ Quando lido com pessoas que se recusam a assumir seus erros.
   ☐ Quando alguém fala mal de mim abertamente.
   ☐ Quando alguém mal informado me confronta.
   ☐ Quando estou de mau humor.
   ☐ Quando estou com sono.
   ☐ Quando estou com fome.

4. Há alguns passos importantes que temos de dar a fim de prevenir ou lidar com a ira. Assinale dentre as ações abaixo aquelas em que você precisa melhorar:
   ☐ Evitar situações e pessoas que se iram facilmente.
   ☐ Aprender a avaliar a situação, tentando colher todos os fatos e informações.
   ☐ Cuidar para ter uma boa autoestima, a fim de evitar uma perseguição imaginária.
   ☐ Evitar remoer pensamentos e sentimentos negativos sobre situações de estresse.
   ☐ Aprender a discordar por meio de uma comunicação equilibrada.
   ☐ Não deixar a raiva tomar conta de mim.

- ☐ Evitar racionalizar a raiva e responsabilizar-se por ela.
- ☐ Deixar as defesas em nível mínimo.
- ☐ Controlar a raiva em troca de paz: "Eu quero ter paz e não razão".
- ☐ Ser responsável por meu crescimento progressivo no controle da ira.

5. Com base nos itens assinalados na pergunta anterior, responda:
   a) O que você poderá fazer da próxima vez que estiver nesta situação? Como reagirá em relação a essa ira?
   b) Qual é seu maior desafio? Escreva-o. Ore e peça ajuda a Deus para enfrentá-lo.

CAPÍTULO 8: SAIBA PERDOAR

1. "Verdadeiros cristãos não deveriam brigar tanto (principalmente no casamento), mas a realidade é que eles brigam." Você concorda com essa frase? Faça suas considerações.

2. O psicólogo e terapeuta familiar Jorge Maldonado argumenta que "uma das características mais importantes das famílias saudáveis é a capacidade que seus membros têm em se perdoar mutuamente". Com base nisso, descreva como sua família lida com o perdão no dia a dia e cite que passos você pode dar para que sua família tenha um ambiente mais perdoador.

3. Em qual destas situações você tem maior dificuldade para perdoar?
   ☐ No trânsito.
   ☐ No trabalho.
   ☐ Família de origem (pais, irmãos).

☐ Família estendida (tios, primos, avós, cunhados, sogros, genros e noras, etc.).
☐ Cônjuges.
☐ Pais e filhos.
☐ Outra: _____.

4. Este capítulo traz o seguinte conselho a quem vai perdoar: "Não negue a dor que está sentindo". Quando houve um conflito, corre-se o risco de cair em dois extremos: tomar a culpa toda para si ou colocar a culpa toda na outra pessoa. Responda:
   a) Algum desses dois extremos ocorrem em sua vida? Qual deles é mais frequente? Por que você acha que isso acontece?
   b) Você já experimentou alguma perda ou situação negativa devido a isso? Como essa experiência impactou sua vida?

5. "O perdão não muda o passado, mas pode mudar o presente e o futuro." O que lhe dizem essas palavras? Que obstáculos impedem você de deixar o passado para trás e perdoar? Em que situações isso acontece? O que precisa fazer para mudar isso?

6. Sobre o perdão, pense e responda:
   a) Há alguém que você precisa perdoar?
   b) Há alguém para quem você precisa pedir perdão?

CAPÍTULO 9: RESOLVAM SEUS CONFLITOS

1. Você considera que existem assuntos que são essenciais e precisam ser discutidos mesmo que provoquem conflitos? Quais são esses temas? Cite pelo menos dois.

2. Quais são as precauções necessárias para manter um bom nível nas conversas mais tensas? Cite no mínimo três cuidados.

3. "A comunicação é uma rua de duas mãos." O que essa frase diz a você?

4. "Nem sempre o que você diz é compreendido por quem ouve." Relate alguma situação em sua vida em que essa frase se mostrou verdadeira.

5. A Bíblia diz: "E não pequem ao permitir que a ira os controle. Acalmem a ira antes que o sol se ponha" (Ef 4.26). Devemos resolver as discussões no mesmo dia! Você considera possível acontecer isso na prática? É fácil para você acertar seus conflitos, sem esperar muito? Ou você precisa "esfriar a cabeça" antes de poder conversar sobre o que aconteceu? Dê sua opinião e relate como você lida com essa situação em seu dia a dia.

6. Dentre as atitudes para "resolver conflitos" listadas abaixo, assinale com *N* aquelas de que você nunca faz uso, com *A* aquelas às quais você recorre às vezes e com *M* aquelas que você tem praticado na maioria das vezes.
☐ Usar a estratégia de "dar um gelo" no outro.
☐ Acumular irritação.
☐ Não cuidar do lugar em que ocorrerá a discussão.
☐ Fazer ataques pessoais e não enfocar o problema.
☐ Lançar meus sentimentos como se fossem "pedras".
☐ Fugir do assunto.
☐ Fazer mais críticas do que oferecer soluções.
☐ Dizer ao outro: "você nunca" ou "você sempre...".

☐ Usar o humor durante as discussões.
☐ Ter dificuldade em reconhecer os próprios erros.

7. Das três frases que podem salvar um casamento, coloque em ordem numérica, de 1 a 3, qual delas você tem mais facilidade de dizer.
☐ Eu estava errado(a)!
☐ Você me perdoa?
☐ Eu amo você!

8. O que você gostaria de mudar em sua vida a fim de melhor solucionar seus problemas? Que medidas pode tomar a partir de agora? Peça ajuda a Deus em oração para alcançar seus objetivos.

NOTAS

CAPÍTULO 1
[1] Isabel B. Myers e Peter B. Myers, *Ser humano é ser diferente: Valorizando as pessoas por seus dons especiais* (São Paulo: Gente, 1997).

CAPÍTULO 2
[1] BBC News, "As mulheres falam mais do que os homens?", 17 de novembro de 2013, <https://www.bbc.com/portuguese/noticias/2013/11/131117_mulheres_falam_mais_homens_lgb>.
[2] Gary Smalley, *Eu prometo: O compromisso para o sucesso do seu casamento* (Rio de Janeiro: Thomas Nelson Brasil, 2012).
[3] Daniela do Lago, *Feedback: Receita eficaz em dez passos* (São Paulo: Integrare, 2018).

CAPÍTULO 3
[1] Carlos Barcelos, *Quero minha vida de volta* (São Paulo: Alpha Conteúdo, 2010).

CAPÍTULO 4
[1] Cybelle Weinberg, *Geração delivery: Adolescer no mundo atual* (São Paulo: Sá Editora, 2001).
[2] Henry Cloud e John Townsend, *Limites no casamento: Quando dizer sim, quando dizer não* (São Paulo: Vida, 2001).

CAPÍTULO 5
[1] Barbara Berckhan, *Como se defender de ataques verbais: Maneiras inteligentes de se proteger de palavras agressivas* (Rio de Janeiro: Sextante, 2011).

CAPÍTULO 6
[1] John Gottman, *Sete princípios para o casamento dar certo* (Rio de Janeiro: Objetiva, 2000).
[2] D. L Fennell, "Characteristics of Long-Term First Marriages", in: America

Association for Marriage and Family Therapy (org.), *Chicago: 45th Annual Conference Book of Abstracts*, 1987, p. 418.

R. Lauer; J. Lauer; S. Kerr, "The Long-Term Marriage: Perceptions of Stability and Satisfaction", in: *International Journal of Aging and Human Development* (New York: Bauwood Publishing, 1990), p. 189-195.

S. A. Shalin; F. W. Kaslow; H. Hammerschmidt, *Together Through Thick and Thin: a Multinational Picture of Long-Term Marriages* (New York: The Haworth Clinical PracticePress, 2000).

Maria de B. P. Norgren, et al., "Satisfação conjugal em casamentos de longa duração: uma construção possível", in: *Estudos de Psicologia*, Natal, 2004. vol. 9, nº 3, disponível em <http://www.scielo.br/scielo.php?script=sci_arttext&pid=S1413-294X2004000300020#tx>. Acesso em 3 de novembro de 2021.

[3] Gottmann, *Sete princípios para o casamento dar certo*, p. 31-32.

CAPÍTULO 7

[1] Gary R. Collins, *Aconselhamento cristão* (São Paulo: Vida Nova, 2011).

CAPÍTULO 8

[1] Jorge Maldonado, "Construindo famílias saudáveis", *Revista Psicoteologia*, ano XX, nº 41, CPPC, São Paulo, 2007.

[2] Mardônio Brito, *Das trevas para luz: A conversão de Paulinho Bang Bang* (Belo Horizonte: Ministério Almas para Cristo, 1995).

[3] Corrie ten Boom; John e Elizabeth Sherrill, *O refúgio secreto* (Belo Horizonte, Betânia, 2000).

[4] Guilherme Kerr Neto, *Consciência limpa: O lugar da confissão e do perdão na vida cristã* (São Paulo: VPC, 2001).

CAPÍTULO 10

[1] American Psychiatric Association, *Manual diagnóstico e estatístico de transtornos mentais*, DSM-5, 5ª edição (Porto Alegre: Atmed, 2014), p. 645.

SOBRE OS AUTORES

Sergio e Magali Leoto lideram desde 1990 o ministério Fortalecendo a Família. Já atuaram em entidades como Aliança Bíblia Universitária, Vencedores por Cristo, SEPAL (Servindo a Pastores e Líderes) e Igreja Batista do Morumbi.

Sergio é natural da capital paulista. Escritor, palestrante, compositor, músico, conselheiro familiar, teólogo formado e pós-graduado em Aconselhamento Familiar pela Faculdade Teológica Batista de São Paulo e em Aconselhamento na Abordagem Sistêmica pela Faculdade Teológica Sul Americana. Também é bacharel em Arquitetura pela Universidade de Guarulhos.

Magali é natural de Birigui, interior paulista. Escritora, palestrante, formada em Psicologia pela Universidade Presbiteriana Mackenzie, em Educação Artística pela Faculdade Santa Marcelina, em Música Sacra pela Faculdade Teológica Batista de São Paulo, e em *Coaching* pela Sociedade Brasileira de *Coaching*.

Atualmente, são missionários parceiros da Igreja Batista de Água Branca e da Igreja Batista Memorial de Alphaville. Casados desde 1982, têm uma filha chamada Jessica, casada com Daniel.

Compartilhe suas impressões de leitura,
mencionando o título da obra, pelo e-mail
opiniao-do-leitor@mundocristao.com.br
ou por nossas redes sociais

Esta obra foi composta com tipografia Adobe Caslon Pro
e impressa em papel Pólen Soft 70 g/m² na gráfica Assahi